MONGOLEI
CHINA
JAPAN
PAZIFISCHER
OZEAN
MALAYSIA
AUSTLALIEN

DELIUS KLASING

Unterwegs
in den Weiten Sibiriens

BRUNO
BLUM

Der weiteste Weg

MIT DEM CAMPINGBUS
BIS AUSTRALIEN

DELIUS KLASING VERLAG

Auf zu neuen Horizonten im Outback von Australien

Inhalt

Beim »Cervelat« braten – ein Stück Heimat in der Ferne

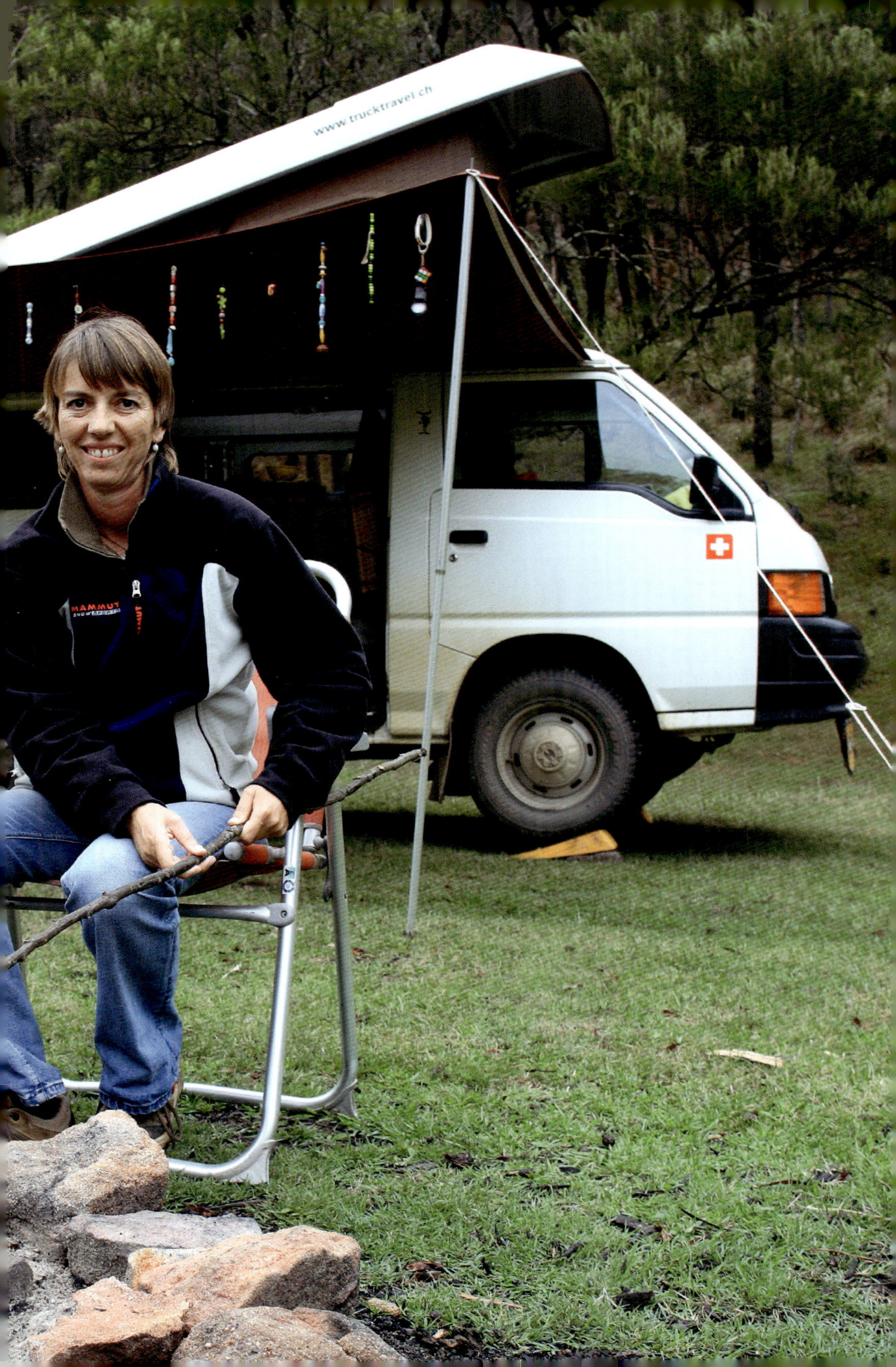
www.trucktravel.ch
MAMMUT

Die Faszination des Reisens

Wer hat nicht schon einmal davon geträumt, alles stehen und liegen zu lassen und loszuziehen, um neue Welten zu entdecken und Menschen aus anderen Kulturen kennenzulernen? Ich lebe diesen Traum seit mehr als 30 Jahren, indem ich immer wieder alles mir Vertraute zurücklasse und mich auf den Weg mache. Man muss ja nicht gleich für Jahre wegfahren, auch ein paar Wochen oder Monate sind genug, um dem Leben neue Impulse zu geben und Erfahrungen zu sammeln, die ein Leben lang halten.
Aber worin liegt eigentlich die Faszination des Reisens? Ist es das Kennenlernen von neuen Menschen, Kulturen, Landschaften oder ist es die Ungebundenheit – das Glück, genug Zeit zu haben, um sein Leben zu leben? Für mich besteht die Faszination zuallererst darin, keinen alltäglichen Verpflichtungen und gesellschaftlichen Zwängen ausgesetzt zu sein. Ungebunden und weit weg von zu Hause fühlt man sich so ungemein lebendig. Man lebt ohne Vergangenheit oder Zukunft; was zählt, ist einzig der Moment. Das Ziel liegt nicht im Ankommen, sondern im Unterwegssein, in der vorüberziehenden Landschaft mit all ihren Farben und Formen und dem Ungewissen, das hinter der nächsten Kurve wartet.
Für mich ist das Reisen längst zum Lebensinhalt, ja zu einer Art Sucht geworden. Angefangen hat alles mit einem Jugendtraum. Damals habe ich mir vorgenommen, mein irdisches Dasein auch dafür zu nutzen, etwas von dieser Welt zu sehen. Es gibt wohl keine bessere Lebensschule als das Reisen. Unterwegs lernt man mit viel weniger auszukommen, besitzt man doch nur, was man mit sich führen kann, und lernt so andere Werte kennen und die Dinge in einem neuen Licht zu sehen.
Das Wertvollste am Reisen sind aber sicherlich die Begegnungen mit den Menschen, die man unterwegs hat. Durch sie erhält man einen unmittelbaren Einblick in den Alltag der jeweiligen Kultur. Sie bringen einem diese näher. Umgekehrt bringt man ihnen seine Ideen und Vorstellungen mit. In abgelegenen Gebieten ist ein Fremder für die Einheimischen meist nicht nur eine willkommene Abwechslung, sondern, trotz Internet und sozialer Netzwerke, einer ihrer seltenen wirklichen Kontakte zur Außenwelt.

Loslassen

All meine bisherigen Reisen sind aus Tagträumereien heraus geboren worden. Aus Fantasien, die mich in weite, offene Landschaften entführen – für mich Sinnbild grenzenloser Freiheit –, in denen ich in die Farben und Düfte eines orientalischen Marktes eintauche oder mich in der Stille und Abgeschiedenheit eines buddhistischen Klosters wiederfinde. Am Anfang sind dies alles nur Gedankenspiele, die aber mit jedem Mal stärker werden und irgendwann danach verlangen, ausgelebt zu werden. Ist der Entschluss einmal gefasst, beginnen die Planungs- und Vorbereitungsarbeiten. Fragen zu möglichen Routen wollen geklärt, die Dauer der Reise festgelegt und Informationen über die Einreisebestimmungen der einzelnen Länder zusammengetragen werden. Welche Dokumente sind nötig? Welche Impfungen? Nicht zuletzt stellt sich auch die Frage nach dem für die Reise geeigneten Fahrzeug. War ich bis heute immer allein und mit dem Motorrad unterwegs, will ich diesmal zusammen mit meiner Lebenspartnerin Yvonne auf die große Fahrt gehen.

Mit einem Bus wollen wir erst einmal nach Indien fahren und uns dort entscheiden, wie es weitergehen soll. Also kaufen wir uns einen gebrauchten Mitsubishi-Lieferwagen mit Allradantrieb und bauen diesen nach unseren Vorstellungen für die geplante Reise um. Schließlich sind wir stolze Besitzer eines fabelhaften Campingbusses, der über ein Hubdach mit einem 1,05 Meter breiten Doppelbett verfügt. Es gibt darin eine drei Quadratmeter große Wohnküche mit Drei-Flammen-Gaskocher, eine solarbetriebene Kühlbox, eine Standheizung, viel Stauraum und einen Klappspaten als Toilette.

Die letzten Tage vor der Abreise sind wie immer von Hektik gekennzeichnet. Plötzlich gibt es noch so viel zu tun – Sachen, die man eigentlich längst schon hätte erledigen können.

Und auch diesmal ist da wieder dieses seltsame Rumoren im Bauch. Zweifel kommen auf: War es wirklich die richtige Entscheidung, alles zurückzulassen und sich ins Ungewisse zu stürzen? Aus Erfahrung jedoch weiß ich, sobald wir losgelassen haben, werden plötzlich alle Selbstzweifel und Ängste verflogen sein und wir werden unser Glück über die soeben gewonnene Freiheit kaum fassen können.

Reisen bedeutet Zeit zu haben,
sein Leben zu leben.

LU-194462

Indische Sikhs und Kaffeesatz als gute Omen

Begegnung mit indischen Sikhs – für uns ein gutes Omen für die bevorstehende Fahrt nach Indien

Mit warmen, selbstgestrickten Bettsocken und vielen guten Wünschen im Gepäck machen wir uns schließlich an einem Frühlingstag auf den Weg. Am Kreisel im heimatlichen Wolhusen müssen wir uns ein erstes Mal entscheiden, welche Ausfahrt die richtige ist, um nach Indien zu gelangen. Wir entscheiden uns für die zweite, wollen wir doch erst einmal über Luzern und Zürich nach Deutschland. Mit feuchten Augen werfen wir einander einen verstohlenen Blick zu. Sind es Tränen des Abschieds oder des Glücks? Wir fühlen uns wie zwei Vagabunden, die sich nach einem geglückten Coup aus dem Staub machen. Ja, wir haben es geschafft, haben einfach losgelassen und sind unendlich glücklich. Dann drehen wir das Radio weit auf und stimmen mit ein in »Highway to Hell« von AC/DC.
An den Rheinfällen bei Stein am Rhein legen wir spontan einen Halt ein, denn keiner von uns beiden hat sich dieses

Touristenspektakel jemals aus der Nähe angesehen. Dabei treffen wir auf eine Gruppe indischer Sikhs. Als wir ihnen von unserer Fahrt nach Indien erzählen, schütteln sie nur ungläubig die Köpfe und raten uns, ganz besonders in Pakistan auf uns achtzugeben. Sie wünschen uns viel Glück auf dem Weg.

Zügig bringt uns die Fahrt auf deutschen Autobahnen nach Norden. Für ein paar Tage bleiben wir bei Freunden in Berlin. Als wir Niki, der Mutter unserer Freundin Paros, einen Besuch abstatten, liest diese in unserem Kaffeesatz. Die Zukunft halte viele positive Überraschungen für uns bereit, prophezeit sie, und sagt uns eine paradiesische Zeit voraus. Diese guten Nachrichten und die kurze Begegnung mit den Indern am Rheinfall werten wir als gute Omen für unsere weitere Reise und machen uns voller Zuversicht wieder auf den Weg.

Wir fühlen uns wie zwei Vagabunden, die sich nach einem geglückten Coup aus dem Staub machen.

Das frische Grün der Birken und der würzige Duft der Föhrenwälder lassen uns im Baltikum so richtig den Frühling spüren. Wir gondeln durch liebliche Landschaften mit Wiesen voller Löwenzahn, vorbei an bunten Holzhäusern und blühenden Gärten. Überall sind die Menschen bei ihrer Feld- und Gartenarbeit zu beobachten. Wir können kaum glauben, dass es im Europa des 21. Jahrhunderts noch Bauern gibt, die mit einem PS den Acker pflügen und mit Pferd und Wagen den Mist auf den Feldern ausbringen. Ein paar Tage bleiben wir an einem idyllisch gelegenen See und lauschen dem Vogelkonzert in den Baumkronen. Wie herrlich doch so ein Vagabundenleben ist, das möchten wir mit niemandem tauschen.

Obwohl wir beide unabhängig voneinander schon viel gereist sind, hat mit dieser Tour ein ganz neuer Lebensabschnitt für uns begonnen. Vieles ist anders. Statt mit Rucksack und Motorrad sind wir dieses Mal mit unserem Haus auf Rädern unterwegs und haben allen erdenklichen Luxus dabei. Neu ist auch, dass sich unser Alltag in den nächsten zweieinhalb Jahren fast rund um die Uhr auf engstem Raum abspielen wird. Früher auf meinen Motorradtouren habe ich das Alleinsein so sehr genossen, dass ich mir nicht hätte vorstellen können, über längere Zeit zu zweit oder gar in einer Gruppe zu reisen. Für mich war das Alleinreisen der Inbegriff von Ungebundenheit und Abenteuer. Ich war frei in meiner Routenwahl und konnte so lange an einem Ort verweilen, bis es mich weiterzog.

Auch wenn das Reisen zu zweit nun nicht mehr ganz so kompromisslos ist, sehen wir beide in unserem gemeinsamen Trip eine Bereicherung – für uns persönlich, aber auch für unsere Beziehung. Wir müssen aufeinander Rücksicht nehmen und versuchen, die Wünsche des anderen mit in unsere Entscheidungen einzubeziehen. Dafür können wir uns gegenseitig inspirieren, uns wo nötig unterstützen und Glücksmomente miteinander teilen. Auch bietet uns diese Reise die einzigartige Gelegenheit, uns noch besser kennenzulernen und unsere Beziehung zu festigen.

Die Eremitage, der ehemalige Winterpalast des Zaren in St. Petersburg, ist heute ein bedeutendes Kunstmuseum.

Im Reich des Zaren

Eigentlich haben mich meine früheren Reisen gelehrt, niemals spätnachmittags an einer Grenze zu erscheinen, weil sich dann die Grenzformalitäten leicht bis in die Nacht hinziehen können. Doch die Tage im Norden sind lang und so wagen wir uns in Narva nachmittags um fünf Uhr noch an die estnisch-russische Grenze. Postwendend werden wir zurückgeschickt, weil wir es unterlassen haben, uns im Zollhof vor der Stadt einen Laufzettel zu besorgen. Also fahren wir zurück und reihen uns in die endlos scheinende Warteschlange ein. Lange bewegt sich vorn gar nichts und wir rechnen bereits damit, dass wir es wohl heute nicht mehr bis nach Russland schaffen werden. Dann wieder lässt man eine kleine Gruppe von Fahrzeugen durch und wir schöpfen neue Hoffnung. Von hinten fahren ein paar Autos vor, werden sogleich abgefertigt und können weiterfahren. Was war denn das jetzt? Haben die sich etwa mit ein paar Geldscheinen eine Sonderabfertigung erkauft? Egal. Einwände zu erheben, würde wohl kaum etwas bringen, im Gegenteil, man könnte

uns und all die anderen noch länger warten lassen. Also üben wir uns weiter in Geduld und reden uns ein, dass wir schließlich über alle Zeit dieser Welt verfügen.
Nach drei Stunden sind dann auch wir endlich an der Reihe und kriegen für die ganze Warterei nicht mehr als einen grünen Zettel mit von Hand gekritzeltem Namen und dem Kennzeichen unseres Fahrzeugs. Fünf Minuten Fahrt und wir stehen wieder auf der estnischen Seite der Grenze, wo wir heute schon einmal waren. Wieder heißt es warten. Knapp eine halbe Stunde vergeht, dann endlich schaut sich jemand unsere Papiere an. Der Schlagbaum geht hoch und wir fahren über die Brücke auf die russische Seite. Diesmal nutzen wir das Warten, um die Einreiseformulare auszufüllen. Plötzlich geht es Schlag auf Schlag. Zuerst müssen wir bei der Fremdenpolizei zur Passkontrolle und im Anschluss nehmen zwei Zollbeamte unser ganzes Hab und Gut unter die Lupe. In jede Kiste und jede Schublade wollen sie ihre Nase reinstecken. Für uns hat es den Anschein, dass es dabei weniger um eine dienstliche Pflichterfüllung geht, sondern vielmehr darum, die Neugier der Beamten zu stillen. Was diese ausländischen Touristen wohl so alles mit sich führen? Sie scheinen ihren Spaß zu haben, und wir machen gute Miene zum bösen Spiel. Jetzt fehlt uns nur noch eine für Russland gültige Autoversicherung. Diese können wir gleich an einem Schalter neben dem Zollgebäude abschließen. Endlich haben wir alle notwendigen Papiere zusammen und dürfen die Grenze passieren. Wir haben es geschafft: Nach fünf Stunden »Grenzerfahrung« sind wir in Russland angekommen.

Unser erstes Ziel heißt Sankt Petersburg.

Unsere größte Herausforderung ist nun nicht etwa die Sprache, denn wir können uns auch mit Händen und Füßen verständlich machen. Es sind vielmehr die katastrophalen, mit Schlaglöchern durchsetzten Straßen, und die Fahrweise der Russen ist auch alles andere als vorbildlich. Eigentlich kein Wunder, angesichts der Tatsache, dass man sich in Russland seinen Führerschein auch mit Geld erkaufen kann, wie vieles andere auch.
Unser erstes Ziel heißt Sankt Petersburg. Je mehr wir uns dieser Stadt nähern, umso hektischer wird der Verkehr. Das frühere Leningrad ist nach Moskau die zweitgrößte Stadt

Russlands. Von 1712 bis 1918 war Sankt Petersburg die Hauptstadt des russischen Reiches. Der vielspurige Newski-Prospekt gilt als die Champs-Élysées Russlands und bringt uns direkt ins Herz dieser zauberhaften Stadt. Sankt Petersburg wurde zu Beginn des 18. Jahrhunderts unter Zar Peter dem Großen in einem sumpfigen Gebiet erbaut. Ihren Beinamen »Venedig des Nordens« verdankt die Stadt dem Fluss Newa mit all seinen Seitenarmen und den zahllosen Wasserkanälen, die ihr Gebiet durchziehen.

Das Zentrum präsentiert sich als architektonisches Gesamtkunstwerk: prächtige Gebäudekomplexe, prunkvolle Paläste und Kirchen mit vergoldeten Kuppeln harmonieren mit breiten, elegant angelegten Straßenzügen und majestätischen Plätzen. Wenngleich 1917 mit der Oktoberrevolution und dem Sturz der Zarendynastie Moskau zur neuen Hauptstadt erklärt wurde, ist Sankt Petersburg bis heute die unumstrittene Kulturhauptstadt der russischen Förderation geblieben. Die Eremitage, der ehemalige Winterpalast des Zaren, ist heute eines der größten und bedeutendsten Kunstmuseen der Welt. Die ganze Sammlung umfasst um die drei Millionen Kunstgegenstände, von denen derzeit etwa 65 000 Exponate in den prächtigen Museumsräumen ausgestellt sind. Nebst Werken von Leonardo da Vinci, Picasso, van Gogh und anderen großen Namen beinhaltet die Ausstellung Schätze aus aller Welt: etwa griechische und römische Skulpturen sowie Kunstgegenstände aus Tonnen von Gold und Bernstein. Eindrucksvoll sind allein schon die Gebäude dieser ehemaligen Zarenresidenz mit ihren verschwenderisch ausgeschmückten Zimmern und Sälen. Auf unserem Rundgang kommen wir aus dem Staunen nicht heraus. Wie verzaubert stöbern wir gierig weiter, als hätten wir soeben eine Schatztruhe geöffnet, obwohl unsere Aufnahmefähigkeit längst ihre Erschöpfungsgrenze erreicht hat. Wir können einfach nicht mehr aufhören zu staunen und fühlen uns in die glanzvolle russische Zarenzeit zurückversetzt.

Die Wurzeln des alten Russland

Auf halbem Weg zwischen Sankt Petersburg und Moskau erstrecken sich die Waldaihöhen, ein Gebiet mit zahllosen Seen und dichten Wäldern. Der Seligersee gilt als das Herzstück dieser Gegend. Hier besuchen wir unseren Freund Iwan. Er wohnt im Fünf-Seelen-Dorf Dubovo, in das keine Straße führt.

Also parken wir unseren Bus bei einem Freund von ihm im Nachbardorf Zadubye. Dort holt uns Iwan mit einem ganz besonderen Gefährt, einem dreirädrigen Amphibienfahrzeug auf Motorradbasis, Marke Eigenbau, ab. Für diese Gegend ist es genau das richtige Fahrzeug. Mit den riesigen Ballonreifen aus alten Lastwagenschläuchen kann Iwan problemlos durch die Sümpfe und auf den morastigen Feldwegen fahren – selbst in den See hinaus, wobei dann allerdings der Vorwärtstrieb etwas zu wünschen übrig lässt.

Iwan unterwegs mit seinem Amphibienfahrzeug, Marke: Eigenbau

Yvonne darf auf Iwans »Mofa« mitfahren, ich aber muss die knapp vier Kilometer bis ins Dorf zu Fuß gehen. Dubovo liegt malerisch am Seligersee: blühende Bäume und kleine Gärten prägen das Bild. Doch die Idylle trügt. Der kleine Ort hat seine besten Zeiten längst hinter sich. Während der Sowjetunion gab hier einen großen gemeinschaftlichen Landwirtschaftsbetrieb, eine sogenannte Kolchose. Diese hat das ganze Dorf am Leben erhalten. Doch als nach Perestroika und Glasnost die Sowjetunion zerbrach, wanderten die meisten Menschen ab und zurück blieben einige wenige alte Menschen. Der Ort war dem Zerfall überlassen. Heute gibt es hier weder einen Einkaufsladen noch einen Arzt noch sonstige öffentliche Einrichtungen. Ein Schicksal, das viele Dörfer im heutigen Russland teilen. Wenn nicht Iwan, der als Einziger ein Auto besitzt, ab und zu auch ein paar Besorgungen für die übrigen Dorfbewohner machen würde, wären die alten Menschen völlig auf sich allein gestellt, gefangen in ihrem eigenen Dorf. Den Winter stelle ich mir hier ganz besonders lang und einsam vor.

Iwans Haus ist sehr einfach. Die kleinen Fenster lassen kaum Tageslicht in den etwa 20 Quadratmeter großen Raum, der gleichzeitig als Küche, Wohn- und Schlafraum dient. Es gibt zwar Strom, dafür aber kein fließendes Wasser, dieses holt man in Eimern unten aus dem See. Die Toilette ist ein einfaches Plumpsklo hinter dem Haus im Garten, wo auch eine Banja, eine russische Sauna, steht.

Iwan ist freischaffender Journalist und verbringt etwa die Hälfte seiner Zeit in Dubovo, ansonsten wohnt er mit seiner Frau Nadja und den beiden Töchtern Angelina und Nastja in Moskau. Mit seinem Motorboot erkunden wir die großartige Natur, die hier unmittelbar vor der Haustür beginnt.

Mit seinem Motorboot zeigt uns Iwan die Natur vor seiner Haustür.

Wie andere russische Städte auch, ist Moskau wieder eine ganz besondere Herausforderung für uns. Auf den Straßen regiert das Chaos und bei den Autofahrern scheint es sich

Р35-66КД

Die Idylle trügt: Seit der Perestroika haben viele Jüngere ihre Dörfer verlassen, zurück bleiben meist ein paar alte Menschen.

ausnahmslos um gesetzlose Irre zu handeln. Der Verkehr fließt unglaublich schnell, überholt wird rechts wie links. Konzentriert sitzt Yvonne hinterm Steuer, bemüht, im Verkehrsfluss zu bleiben und gleichzeitig Ruhe zu bewahren. Ich spiele den Navigator und versuche die kyrillischen Straßennamen zu entziffern, um unseren Standort auf dem Stadtplan zu eruieren. Keine einfache Sache, wurden doch in Russland nach dem Zerfall der Sowjetunion viele Straßenbezeichnungen geändert. Entstanden ist ein Durcheinander aus alten und neuen Namen, und keiner scheint sich mehr wirklich auszukennen.

Endlich im Stadtzentrum, erwartet uns auch schon die nächste Herausforderung, nämlich eine bezahlbare Unterkunft und einen sicheren Parkplatz für unseren Bus zu finden. So sind wir doppelt dankbar, als wir schließlich – ein paar Gehminuten vom Roten Platz entfernt – auf dem Firmenparkplatz einer russischen Zeitschrift stehen und in unserem Bus übernachten dürfen. Für ein paar Tage können wir uns so unbekümmert den Sehenswürdigkeiten Moskaus widmen. Dann verlassen wir die Stadt in nordöstlicher Richtung, denn uns lockt ein Abstecher zum sogenannten Goldenen Ring. Inmitten einer hügeligen Waldlandschaft befinden sich hier ein paar der ältesten Städte Russlands. Prachtvolle Kathedralen und Klosteranlagen mit goldenen Türmen und zwiebelförmigen Kuppeln prägen das Bild. Weiß getünchte Mauern zeugen von den einstmals befestigten Siedlungen und der Anblick der Menschen, die mit einfachsten Mitteln ihren Alltag bewältigen, läßt in uns das mittelalterliche Russland lebendig werden. Nach zum Teil aufwendigen Renovierungsarbeiten in den letzten Jahren erstrahlen viele dieser Baudenkmäler heute wieder in ihrem alten Glanz und vermitteln uns einen Einblick in die 1000-jährige Geschichte der russisch-orthodoxen Kirche. Wir lassen uns verzaubern von dieser anmutig-magischen Märchenwelt.

Prachtvolle Kathedralen und Klosteranlagen mit goldenen Türmen und zwiebelförmigen Kuppeln prägen das Bild.

Unaufhaltsam zieht sich die Straße nach Osten, vorbei an Ackerflächen, Birken- und Föhrenwäldern. Immer wieder führt die Straße auch durch Dörfer. Die kleinen Holzhäuser präsentieren sich in den buntesten Farben und mit vielen Verzierungen. Enten- und Gänsemütter führen ihre Küken

Die Basilius-Kathedrale am Roten Platz in Moskau

ХВ

Entlang des Goldenen Rings tauchen wir ein in die 1000-jährige Geschichte der russisch-orthodoxen Kirche.

spazieren. Alte Menschen sitzen auf Bänken vor ihren Häusern in der wärmenden Sonne, andere sind mit Pferd und Wagen unterwegs und wir glauben uns in eine längst vergangene Zeit zurückversetzt.
Je weiter wir uns Sibirien nähern, umso offener wird die Landschaft. Tiefe Schlaglöcher, von Lastwagen in den Asphalt gedrückte Spurrillen: Der Zustand der Straße lässt oftmals zu wünschen übrig. Dann wieder rollen wir über ein neues, spiegelglattes Stück Teerstraße. Von Zeit zu Zeit ertappen wir uns dabei, wie wir uns dem einheimischen Fahrstil anpassen und auch mal ein Verkehrsschild übersehen oder eine Sicherheitslinie überfahren. So kommt es, dass wir auf einer Anhöhe von der Polizei angehalten werden, nachdem ich noch kurz zuvor eine langsam den Berg hochkriechende Baumaschine überholt habe. Ich werde aufgefordert auszusteigen und dem Chef meine Papiere zu zeigen, der gelangweilt ein Stück weiter vorn in seinem Polizeiwagen sitzt. Halbherzig mustert er die Schriftstücke und verkündet dann mit betont strenger Mimik, ich sei eines Vergehens schuldig, weil ich in einer Baustelle überholt habe. Ich versuche meine Nervosität hinter einem Lächeln zu verbergen und gebe vor, nichts zu verstehen. Nachdem all seine Erklärungsversuche nicht zielführend waren, droht er mir jetzt, meinen Pass einzubehalten, und beginnt damit, einen Strafzettel auszufüllen. Ich versuche standhaft zu bleiben und brummle mehr zu mir selbst, wie gut es uns in Russland gefalle und schwärme vom liebenswürdigen und warmherzigen russischen Volk. Das ganze Schauspiel dauert eine knappe halbe Stunde. Aus Erklärungsnotstand oder weil ihm die Zeit nun plötzlich doch zu kostbar erscheint, um sich weiter mit diesem ausländischen Touristen abzugeben, dürfen wir weiterfahren.

Je weiter wir uns Sibirien nähern, umso offener wird die Landschaft.

Jetzt, wo ich unseren Bus wieder zurück auf die Straße lenke, löst sich bei mir die Anspannung und ein Lächeln der Genugtuung huscht über meine Lippen. Einmal mehr haben wir es geschafft, ungeschoren davonzukommen. Im Rückspiegel kann ich sehen, wie der Polizist bereits das nächste Auto anhält. Das Spiel beginnt von vorn, mit dem Unterschied, dass sich ein Einheimischer nicht hinter einem »Verständigungsproblem« verstecken kann, sondern diesem korrupten Wegelagerer gnadenlos ausgeliefert ist. Yvonne steckt der Schreck

Pferd und Wagen, in Russland noch immer ein alltägliches Bild

noch tief in den Knochen. Sie hat die Szene vom Bus aus ganz genau beobachtet. Als sie sah, wie der Polizist während unserer Unterhaltung den Strafzettel eines anderen Verkehrssünders in seiner Hand verbrannte, glaubte sie, es handele sich dabei um meinen Pass.

Russische Gastfreundschaft

Die Zeit heilt so manche Wunde. Mit jedem Tag und jedem Kilometer weiter weg von zu Hause wird das anfängliche Heimweh schwächer. Wir werden mehr und mehr zu Reisenden, sind abgelenkt von all den neuen Eindrücken und Begegnungen, die der Alltag für uns bereithält.
Hinter Ufa führt die Straße hinein in den Ural – ein grüner Hügelzug, dessen höchste Erhebung 1894 Meter über dem Meer liegt. Hier verläuft auch die Grenze zwischen Europa und Asien. Endlich gibt es mal wieder ein paar richtige Kurven und großartige Ausblicke.
In Miass werden wir von Freunden von Freunden erwartet. Ljudmila und Wladimir holen uns an der Post ab und bringen

ihren Deutsch sprechenden Freund Konstantin mit, weil sie selbst nur der russischen Sprache mächtig sind. Gemeinsam fahren wir in ihre Wohnung, wo wir seit längerer Zeit wieder einmal in den Genuss einer Dusche kommen. Anschließend wird ein Festmahl aufgetischt, mit leckeren Fleischpiroggen und Salat. Wladimir ist selbstständiger Unternehmer und besitzt ein Sanitärgeschäft. Seine ganz große Leidenschaft aber gehört der Restauration alter Motorräder und Autos. Aktuell arbeitet er an einem Tatra, Jahrgang 1939. Mit Ljudmila und Wladimir machen wir einen Ausflug auf ihren Hausberg, den Samovary, eine Wanderung durch eine großartige Landschaft, die uns auch entlang des Turgoyak-Sees führt. Überall treffen wir jedoch auf Berge von Müll und unsere Gastgeber ärgern sich über die Gleichgültigkeit ihrer Landsleute. Leider ist dies hier keine Ausnahme, sondern gelebte russische Realität. Nur etwa 100 Kilometer östlich von Miass liegt die Industriestadt Tscheljabinsk. Hier besuchen wir alte Bekannte: Sewa und seine Freunde vom Oldtimerklub »Motor-Classic«. Um unsere Ankunft zu feiern, haben sie eine Klubsitzung einberufen. Man ist sichtlich stolz, weitgereiste »Berühmtheiten« wie uns begrüßen zu dürfen. Hände werden geschüttelt, dann stehen wir Rede und Antwort, erzählen von unseren Familien, dem Alltag zu Hause und unseren Reiseerfahrun-

Im Ural passieren wir die Grenze von Europa nach Asien.

gen. Alles wird protokolliert und einige Tage später erscheint in der Zeitung ein längerer Bericht über unseren Besuch in der Stadt.

Mit Sewa und seinen Freunden diskutieren wir auch über politische und gesellschaftliche Themen. Die Ursachen für die wirtschaftliche Misere des Landes sehen hier viele in der Politik. Ihrer Meinung nach braucht Russland für seine wirtschaftliche Stabilität eine starke politische Führung und diese sehen sie in Putin. Seit er die Zügel der Macht in Moskau übernommen habe, gehe es endlich auch in Sibirien wirtschaftlich langsam nach oben.

Touristisch hat Tscheljabinsk nur wenig zu bieten. Es ist vielmehr eine dieser typischen Industriestädte östlich des Urals. Als Stalin während des Zweiten Weltkriegs viele Fabriken hinter den Ural verlegen ließ, erlebte auch Tscheljabinsk einen wirtschaftlichen Aufschwung. In der Traktorenfabrik, wo unser Freund Sewa als Journalist für die hauseigene Zeitung arbeitet, wurden früher Panzer und andere Militärmaschinerie gefertigt, heute sind es Baumaschinen und Traktoren. Sewa überwindet sämtliche bürokratischen Hürden, um uns einen Besuch in den Produktionshallen des Traktorenwerkes zu ermöglichen.

Die Ursachen für die wirtschaftliche Misere des Landes sehen hier viele in der Politik.

Der administrative Aufwand dafür ist enorm und uns bleibt am Ende nur eine knappe Stunde für die Besichtigung. Als wir die riesige Produktionshalle betreten, sind wir überwältigt von der einzigartigen Atmosphäre. Mich erinnert das Ganze an das Szenario eines Horrorfilms: Arbeiter in ölververschmierten Overalls, quietschende Hallenkräne, schmierige Böden, überall tonnenschwere Maschinenteile, Schweißfunken, Lärm und das Pfeifen der Schlagschrauber. Auf unserem Rundgang bekommen wir einen flüchtigen Einblick in die Fertigung einer Baumaschine, vom leeren Chassis bis zum fertigen Bulldozer am Ende der 500 Meter langen Produktionsstraße.

Die starke Industrialisierung führte dazu, dass der Ural heute zu den am stärksten verschmutzten Regionen der Welt zählt. Wenig bekannt ist etwa, dass sich 1957 in der kerntechnischen Anlage Majak, nur etwa 150 Kilometer von Tscheljabinsk entfernt, ein Nuklearunfall ereignete, bei dem

mehr radioaktives Material freigesetzt wurde als bei der Katastrophe von Tschernobyl.

In Tscheljabinsk lässt uns Sewa einmal mehr die russische Gastfreundschaft spüren. Nicht genug, dass er und seine Mutter Lidija uns die ganze Zeit über mit allen möglichen Leckereien der russischen Küche verwöhnen, ebenso selbstverständlich ist es, dass uns das bequemste Bett zusteht und er als Gastgeber auf einer dünnen Matratze auf dem Boden schläft. Außerdem nimmt er sich kurzfristig ein paar Tage frei, zeigt uns seine Stadt, stellt uns seine Freunde und Bekannten vor und fährt mit uns auf die Datscha seiner Familie. Beim Abschied werden wir dann auch noch großzügig mit Geschenken überhäuft. Diese Gastfreundschaft, wie wir sie auf unserer Reise durch Russland immer wieder erfahren haben, ist so grenzenlos wie das Land selbst. Wir revanchieren uns bei unseren Gastgebern mit kleinen Mitbringseln aus der Schweiz oder kochen etwas typisch Schweizerisches.

Unsere Hoffnung, in Tscheljabinsk unser russisches Visum verlängert zu bekommen, löst sich am Ende in Resignation auf. Uns bleibt nichts anderes übrig, als das Land frühzeitig zu verlassen und in Richtung Kasachstan weiterzufahren.

Zu Besuch bei Ljudmila und Wladimir in Miass

Heuernte in der kasachischen Steppe

Durch die kasachische Steppe

Vor uns öffnet sich die Weite der kasachischen Steppe. Im Norden wird intensiv Ackerbau betrieben, hier sieht man Getreidefelder, die sich in der Unendlichkeit des Horizonts verlieren, dann wieder weite Graslandschaften. Vor und hinter uns liegen Hunderte von Kilometern Einsamkeit. Bei manchen Menschen mögen solch riesige, menschenleere Landschaften Ängste und Unbehagen hervorrufen. Für uns dagegen machen sie einen Teil der Faszination des Unterwegsseins aus. Mit der Zuversicht, die uns das Reisen gelehrt hat, können wir solche Strecken beruhigt angehen und mit der Kraft und dem Glück, die wir daraus ziehen, unsere körperlichen Reserven wieder auffüllen. Dann ist dieses Gefühl von Freiheit ganz besonders intensiv. Losgelöst von all den Reizen unserer konsumorientierten Welt wird der Kopf frei und die Gedanken wandern in der Schwerelosigkeit dieser Unendlichkeit irgendwo zwischen Himmel und Erde. Was für ein Glück!

Die Grenzenlosigkeit der kasachischen Steppe – etwas Vergleichbares sucht man in Westeuropa vergebens. Um hier einen Lagerplatz mit Weitsicht zu finden, fahren wir zu gegebener Zeit einfach von der Straße ab und steuern unseren Bus querfeldein auf einen einsamen Hügel zu. Außer Sichtweite der Straße schlagen wir dann unser Lager auf. Nicht immer bleiben wir dabei aber unentdeckt, denn es gibt hier weder Bäume noch Felsblöcke, die wir als Sichtschutz nutzen könnten. Unser weißer Bus strahlt wie ein riesiger Diamant in der offenen, grünen Grassteppe und macht bereits aus vielen Kilometern Entfernung auf uns aufmerksam. Dadurch sind Überraschungsbesuche jederzeit möglich. Hirten kommen angeritten, um ihre Neugier zu stillen und nach einer Zigarette zu fragen. Unbeschreiblich ist das Gefühl, wenn wir am Morgen vom Schnauben der Pferde geweckt werden, die um unseren Lagerplatz herum grasen.

Auch heute haben wir wieder einen wunderschönen Platz für unser Nachtlager gefunden. Eine Feldlerche singt ganz für uns allein ihr abendliches Konzert. Wir genießen die Stille, während sich unsere Blicke in der Unendlichkeit des Horizonts verlieren. Eben noch haben wir unter den sommerlichen Temperaturen gelitten, doch ein kurzer Gewitterschauer hat angenehme Abkühlung gebracht und die Steppe duftet intensiv nach Wermut.

Die einst so fruchtbare Umgebung ist zu Ödland geworden.

Traditionell gingen die Kasachen über Jahrhunderte hinweg der nomadisierenden Viehwirtschaft nach. Bei der sowjetischen Kollektivierung unter Stalin wurden die Nomaden zur Sesshaftigkeit gezwungen. In der Folge wurden weite Steppengebiete in Ackerflächen umgewandelt, Flüsse zur Bewässerung der Felder umgeleitet. Diese intensive landwirtschaftliche Nutzung, vor allem die künstliche Bewässerung und Überdüngung der Felder sowie der Einsatz von Pestiziden und Herbiziden, führten zu großen Umweltproblemen. Der Aralsee ist hierfür Beispiel genug. Mit 66 000 Quadratkilometern Fläche einmal das viertgrößte Binnengewässer der Erde, ist er heute so gut wie ausgetrocknet. Die einst so fruchtbare Umgebung ist zu Ödland geworden, vergiftet mit chemischen Rückständen. Wo früher Wasser war, findet man jetzt eine giftige Salzwüste.

Badezimmer mit Weitsicht in Kasachstan

Die Straßen in Kasachstan sind teilweise miserabel und oft mangelt es an einer Beschilderung. Brauchbare Straßenkarten gibt es nicht und außerdem wurden in den letzten Jahren viele Ortsbezeichnungen von russischen Namen in kasachische geändert. Auf den Hauptrouten ist die Orientierung eigentlich kein Problem, aber sobald wir auf Nebenstraßen durchs Hinterland fahren, wissen wir oft nicht mehr weiter. Dann müssen wir uns bei den Einheimischen durchfragen. Zeitweise strapaziert das ganz schön unsere Nerven. Dafür hilft uns dieser Umstand aber auch, mit den Menschen in Kontakt zu kommen, und wir erleben eine unglaubliche Hilfsbereitschaft. Einmal passiert es, dass ein Mann spontan sein Auto aus der Garage holt und uns auf die richtige Straße lotst. Erst traue ich meinen Augen nicht recht. Werde ich etwa verrückt oder ist das eine Fata Morgana? Mitten in der flirrenden Hitze, wenn auch nur ganz schwach sichtbar, zeichnet sich eine schneebedeckte Bergkette am Horizont ab. Tagelang sind wir durch die grüne Steppe Kasachstans gefahren und nach Süden in die Halbwüste vorgestoßen, mit Temperaturen weit über der 30-Grad-Marke. Um uns herum nur unermessliche Weiten, Grenzenlosigkeit und absolut nichts, woran sich unsere Blicke festhalten konnten. Und jetzt dieser Blick auf die Berge! Sie sind Teil des Tienschan oder Himmelsgebirges. Weiß gepuderte Gipfel – ein herrliches Gefühl, nach Tausenden Kilometern Monotonie.

Wir erreichen Almaty und campen etwas außerhalb der Stadt am Fuße des Tienschan. Gegen zwei Uhr morgens werden wir durch starkes Klopfen an unseren Bus aus dem Schlaf gerissen. Draußen stehen drei Uniformierte und verlangen nach unseren Papieren. Sie beschuldigen uns, dass wir es versäumt hätten, uns in Kasachstan bei der Behörde registrieren zu lassen. Mit einem Stempel im Pass können wir diese Behauptung aber schnell widerlegen. Doch die Uniformierten geben sich nicht so einfach geschlagen und plötzlich ist nun das Campen in Stadtnähe verboten. Wir werden also wieder mal nur als Geldkühe wahrgenommen, die gemolken werden sollen. Aber nicht mit uns! Wir geben uns als ahnungslose Touristen, die kaum ein Wort Russisch verstehen. Jetzt behaupten die Polizisten auch noch, wir hätten Marihuana geraucht. Irgendwann verschwindet einer der Polizisten in der Dunkelheit, kommt aber sogleich wieder zurück, um seine beiden Kollegen zu holen. Wir können beobachten, wie sie mit einer Taschenlampe in Richtung Bach hinunterleuchten. Es dauert ein paar Minuten, bis einer der Beamten zurückkehrt und mich bittet mitzukommen. Was er mir jetzt zeigt, verschlägt mir glatt die Sprache. Das Polizeiauto steht mitten im Bach. Wahrscheinlich hatte der Fahrer vergessen, einen Gang einzulegen und die Handbremse anzuziehen. Das Polizeiauto hat sich selbstständig gemacht, ist den Hang hinuntergerollt und im Bach steckengeblieben. Schadenfreude ist keine Tugend, doch beim Anblick der drei niedergeschlagenen Polizeigestalten kann ich mir ein heimliches Schmunzeln nicht verkneifen. So schnell also kann sich die Situation ändern. Nun werde ich plötzlich als Freund angesprochen und gebeten, ihnen doch behilflich zu sein, das Auto wieder auf die Straße zu ziehen. Wir fühlen uns wie David, der eben Goliath besiegt hat. Dass unser kleiner Bus nicht stark genug ist, das Polizeiauto auf die Straße zu schleppen, scheint allen Beteiligten klar zu sein. Also schlagen wir vor, einen von ihnen hinunter in die Stadt zu fahren, damit er Hilfe organisieren kann. Wir indessen machen uns danach aus dem Staub. Korruption ist in fast allen Ländern der ehemaligen Sowjetunion ein weitverbreitetes Problem. Schlecht bezahlte Polizisten bessern sich so ihr Gehalt auf. Einheimische wie Fremde bekommen dies gleichermaßen zu spüren. Wir suchen uns einen neuen Platz und legen uns auf dem Parkplatz einer Tankstelle nochmals für ein paar Stunden aufs Ohr.

Jumakadir posiert mit Sohn und Enkeln fürs Foto.

Vergorene Stutenmilch, Brautraub und andere Traditionen

In Bischkek, der Hauptstadt Kirgisistans, beantragen wir die für die Weiterreise notwendigen Visa. Dann wollen wir nur noch raus aus dieser unerträglichen Hitze, hoch in die kühleren Berge. Die Straße führt durch ein breites Tal nach Osten und steigt, dem Tschüi-Fluss folgend, in einer canyonartigen Schlucht hoch bis nach Balyktschy am westlichen Ende des Sees Issyk-Kul. Dieser See liegt auf 1600 Metern Höhe und gilt nach dem Titicacasee in Südamerika als der zweitgrößte Bergsee der Welt. Wir folgen der Straße, die nördlich des Sees entlangführt. Das türkisblaue Wasser zeichnet sich kontrastreich von der braunen, trockenen Landschaft ab, dahinter türmt sich das schneebedeckte Terskej-Alatau-Gebirge. Immer wieder kommen wir durch malerische kleine Dörfer. Pferdegespanne und Eselskarren kreuzen unseren

Weg, wir beobachten Kinder beim Wasserholen und an der Straße werden kesselweise frische Aprikosen und Kartoffeln zum Verkauf angeboten. Ein alter Mann mit Kalpak, dem hier typischen hohen weißen Filzhut, sitzt auf einer Bank vor seinem Haus und betrachtet das Leben. Einfach zu fotogen, um daran vorbeizufahren. Wir halten an und ich frage den Mann, ob ich ihn fotografieren darf. Jumakadir Abdikonovl, so heißt der alte Mann, hat nichts gegen ein Foto einzuwenden, will sich aber zuerst umziehen. Während er im Haus verschwindet, kommen seine Familienangehörigen, um uns zu begrüßen. Als Jumakadir wenig später zurückkehrt, steckt er in einem feierlichen Anzug, behängt mit zahllosen militärischen Auszeichnungen, die er für seine Verdienste während des Zweiten Weltkriegs verliehen bekommen hat. Die ganze Familie stellt sich mit aufs Foto, dann werden wir ins Haus gebeten, wo man uns Tee und alle möglichen Leckereien auftischt. Eine Unterhaltung ist wegen der unterschiedlichen Sprachen schwierig.

An der Straße steht ein klappriges Auto, daneben eine alte Frau und eine Mutter mit ihrem Baby. Sie geben uns Zeichen anzuhalten. Im Glauben, ihr Auto habe eine Panne, kommen wir ihrem Wunsch nach. Als die beiden Frauen in unseren Bus klettern, geht plötzlich die Hintertür des Autos auf und zwei junge Burschen steigen aus und bei uns ein. Als alle bei uns im Bus sitzen, fährt das vermeintlich kaputte Auto los, biegt aber schon bald in eine Nebenstraße ab. Ein paar Kilometer weiter werden wir in einem Dorf aufgefordert anzuhalten. Unsere Fahrgäste steigen aus und wollen uns für die Taxifahrt bezahlen. Wir lehnen dankend ab.

Der Sonntagsmarkt in Karakol soll einer der bekanntesten Tiermärkte in Zentralasien sein. Dieses Spektakel wollen wir uns auf keinen Fall entgehen lassen und sind deshalb heute Morgen bereits um kurz nach vier Uhr aufgestanden. Als wir nach Karakol hineinfahren, werden wir, wie alle anderen Fahrzeuge auch, von der Polizei angehalten. Wir holen unsere Papiere hervor, doch keiner scheint sich dafür zu interessieren. Also bleiben wir wartend im Auto sitzen und beobachten, wie alle anderen Fahrzeuglenker aussteigen, um einem Uniformierten, der in einem Polizeiwagen sitzt, die Hand zu schütteln. Bei genauerer Betrachtung bemerken wir, welches Spiel hier gespielt wird. Es werden nicht nur Hände gedrückt, sondern dem Polizeibeamten auch Geldscheine zugesteckt.

In Kirgisistan kreuzen Eselkarren unseren Weg ...

... und wir beobachten Kinder beim Wasser holen.

Ein hauseigener Wasseranschluss ist in vielen Dörfern noch immer Wunschdenken.

Unterwegs treffen wir beim Picknick auf Mirlan und seine Familie.

Auf dem Sonntagsmarkt in Karakol

Nomaden in ihrem Sommerlager kurz hinter dem Dolon-Pass

ПРОДАЮ

Daher weht also der Wind. Markttag ist Zahltag, wird sich der Polizeichef von Karakol sagen, und wer zum Markt will, soll dafür bezahlen. Wir spielen wieder einmal die ahnungslosen Touristen und bleiben im Auto sitzen, bis sich ein Polizist doch noch flüchtig unsere Papiere anschaut und uns eine gute Weiterfahrt wünscht.

Mit Lastwagen werden alle Arten von Vieh herangekarrt, andere bringen ihre Schafe und Ziegen eingepfercht im Kofferraum ihres Autos oder mit dem Pferdefuhrwerk. Für uns haben Märkte immer etwas Faszinierendes, sie hauchen den sonst so verschlafenen Dörfern Leben ein. Bereits auf dem Parkplatz stehen die ersten Händler, begutachten die Tiere und bieten womöglich schon mal vorsichtig einen Preis. Welchen die Verkäufer natürlich umgehend ausschlagen, in der leisen Hoffnung, dass der Händler sogleich verdoppelt. Wenn nicht, findet sich auf dem Marktplatz sicher jemand, der gewillt ist, mehr zu bezahlen. Während der Tag anbricht, füllt sich die Szenerie immer mehr mit Leben und bald herrscht geschäftiges Treiben. Es wird gefeilscht, geplaudert, Tee gekocht und etwas zu Essen verkauft. Wir können nicht genug bekommen von dem, was sich um uns herum abspielt. So manche Szene gibt zum Schmunzeln Anlass und von den Gesichtern der Menschen lassen sich ganze Lebensgeschichten ablesen. Einen ganz besonderen Anblick bieten die Fettschwanzschafe. Bei dieser Schafrasse sammelt sich ein großer Teil des Körperfetts am Schwanz, vergleichbar mit der Speicherfunktion des Höckers eines Kamels. Bei den Kirgisen gelten diese Fettschwänze in Scheiben geschnitten als Delikatesse, während unsereiner darüber die Nase rümpft.

Die Märkte hauchen den sonst so verschlafenen Dörfern Leben ein.

Was uns auf unserer Fahrt durch Kirgisistan immer wieder auffällt, sind die Friedhöfe, die meist unmittelbar an der Straße liegen und aussehen wie Miniaturdörfer mit Häusern, Jurten und Moscheen. Als Erklärung heißt es, dass für einen Kirgisen nur der Tod Grund genug ist, sein Nomadenleben aufzugeben und in einem festen »Haus« zu leben. Er wünscht sich dann aber zumindest einen Blick auf die Straße, damit er das vorüberziehende Leben beobachten kann.

Kurz hinter dem Dolon-Pass biegen wir links auf einen Schotterweg ab, der in ein Seitental führt. An der Abzweigung neh-

Pferde werden in Kirgisistan nicht nur als Reittiere gehalten – vergorene Stutenmilch ist hier auch eine wichtige Vitaminquelle.

men wir zwei Frauen mit einem Baby mit. Sie wollen zurück zu ihrem Sommerlager, das weiter hinten im Tal liegt. Die Piste folgt einem lebhaft dahinplätschernden Bach in ein sich immer weiter öffnendes Tal mit grünen Wiesen, blühendem Edelweiß und wachsamen Murmeltieren. Neben den Jurten, den weißen Filzzelten der Nomaden, steht hier des Öfteren auch mal ein Bauwagen, der als Küche und Aufenthaltsraum dient. In der Jurte selbst wird geschlafen und werden die Vorräte gelagert. Schließlich erreichen wir das Lager unserer Mitfahrerinnen. Wir werden in den Bauwagen gebeten, wo man uns Fladenbrot mit Butter und Milchtee auftischt. Danach wird Kumys, vergorene Stutenmilch, ausgeschenkt. Dieses säuerlich schmeckende Getränk ist für europäische Gaumen äußerst gewöhnungsbedürftig. Die zentralasiatischen Nomaden hingegen schwören darauf. Kumys stärkt nicht nur die körperlichen Abwehrkräfte und regt den Stoffwechsel an, sondern ist für die Nomaden auch eine wichtige Vitaminquelle, essen sie doch während der Sommermonate kaum Früchte oder Gemüse.

Hügelige Berglandschaft, verstreut ein paar Jurten, malerisch darin eingebettet der See Song Kul

Wir werden von unseren Gastgebern eingeladen zu bleiben, bis die Stuten gemolken werden. Wenig später machen sich die Männer auf, um die draußen in der Steppe weidenden Tiere zu holen, damit sie von den Frauen gemolken werden können. Die Fohlen sind den ganzen Tag im Lager angebunden. Zum Melken werden sie losgebunden und man lässt sie kurz am Euter der Mutter säugen, um den Milchreflex zu stimulieren. Etwa ein Liter Milch wird bei jeder Stute gemolken, den Rest lässt man das Fohlen trinken, bevor es wieder an die Leine gebunden und die Stute auf die Weide entlassen wird. Diese Prozedur wiederholt sich tagsüber etwa alle drei Stunden. Nachts dürfen dann auch die Fohlen zusammen mit den anderen Pferden auf die Weide. Nach dem Melken kommt die Milch zum Gären in einen Lederbeutel. Stutenmilch ist besonders gärfähig, weil sie im Gegensatz zur Kuhmilch einen viel höheren Milchzuckeranteil aufweist.

Als wir auf der Rückfahrt von einem Abstecher zum Torugart-Pass, in Richtung chinesische Grenze, nochmals unsere Familie in ihrem Sommerlager besuchen, um ein paar Fotos vorbeizubringen, geraten wir mitten in Familienstreitigkeiten hinein. Der Großvater, das Familienoberhaupt, ist abwesend, weil er zu einer Hochzeit eingeladen ist. Die Schwiegertochter möchte die Gunst der Stunde nutzen und mit ihrem drei Monate alten Baby mit uns von hier wegfahren. Die übrigen Familienmitglieder aber bestürmen uns, die Frau nicht mitzunehmen. Wir sind verunsichert, wissen nicht, wie wir in dieser Situation reagieren sollen. Schon bei unserem letzten Besuch war uns aufgefallen, dass die junge Frau ständig arbeitete, während sich die anderen auch schon mal eine Pause gönnten. Sie dürfte kein Einzelfall sein, denn in Kirgisistan stehen die Schwiegertöchter ganz unten in der Familienhierarchie. Neben den vielen von den Eltern arrangierten Hochzeiten beginnt schätzungsweise ein Fünftel aller Ehen mit einer Entführung. Der Brautraub hat in diesem Land eine lange Tradition. Als Nomaden sind es die Kirgisen gewohnt, die Frauen anderer Stämme zu entführen. Obwohl dies seit 1994 offiziell verboten ist, werden Frauen noch heute gegen ihren Willen verschleppt, was oft mit körperlicher Misshandlung und Vergewaltigung einhergeht. Einmal geraubt, ist eine Rückkehr

Der Brautraub hat in Kirgisistan eine lange Tradition.

Eine Schotterstraße führt uns durch ein Hochtal in Kirgisistan.

zu den Eltern kaum mehr möglich. Es würde als Schande gelten und die Frau und deren Familie wären entehrt. So fügen sich noch heute viele in ihr Schicksal, weil sie gar keine andere Wahl haben. Während wir Kumys trinken, hören wir die junge Frau mit ihrem Mann und ihrer Schwiegermutter heftig diskutieren. Als wir uns schließlich wieder auf den Weg machen, heißt es, sie bleibe hier. Wir trösten uns damit, dass sie die etwa sieben Kilometer bis zur Hauptstraße gegebenenfalls auch zu Fuß bewältigen könnte, sollte sie »ihre Meinung ändern«.

Eine kurvige Schotterstraße mit engen Serpentinen bringt uns immer weiter in die Berge hinein. Hinter einer weiteren Passhöhe öffnet sich vor uns ganz unerwartet ein weites, von Hügeln durchzogenes Tal. Überall verstreut stehen Jurten, Vieh weidet auf saftigen Blumenwiesen und der See Song-Kul, der mitten darin eingebettet liegt, macht die Idylle vollkommen. Für ein paar Tage schlagen wir unser Lager am Ufer des Song-Kuls auf und genießen die großartige Umgebung und das Nichtstun. Wir sind überzeugt, dass sich die Weite dieser Steppe am besten vom Rücken eines Pferdes aus erkunden

Idylle am See Song Kul

lässt. Pferde gibt es hier genügend und bei fast jeder Familie kann man sich welche ausleihen. Obwohl wir beide keine besonderen Reiterfahrungen mitbringen, wollen wir es trotzdem versuchen. Als man uns zwei Pferde aushändigt und ohne Begleitung losreiten lässt, schauen wir uns erst einmal verdutzt an. Wenn das nur gut geht! Unsere Zweifel sind aber schnell ausgeräumt, als wir feststellen, dass die Pferde genau wissen, wo es langgeht. Da hilft auch kein Ziehen am Zügel. Die Tiere beharren auf der eingeschlagenen Richtung und lassen sich auch nicht aus ihrem Trott dirigieren. Pünktlich nach zwei Stunden bringen sie uns wieder an den Ausgangspunkt zurück.

Wir haben unseren Reisebus mit Schweizer Kreuzen verziert und das hat einen einfachen Grund: Wir erhoffen uns davon, dass wir für Rotkreuz-Mitarbeiter gehalten und deshalb bei Polizeikontrollen weniger angehalten werden. Das Schweizer Kreuz lässt aber auch viele Menschen glauben, wir seien Ärzte. Gerade sind wir mit dem Frühstück fertig, als wir Besuch von einer älteren Frau und einem Mädchen bekommen. Die Frau bittet uns, sie in ihre Jurte zu begleiten. Eines ihrer Enkelkinder sei erkrankt und sie wisse nicht mehr, was sie tun solle. Als ausgebildete Kinderkrankenschwester stellt sich Yvonne dieser Herausforderung, packt eine Zwiebel ein und geht mit der Frau nach Hause.

Als sie nach etwa einer Stunde zurückkehrt, hat sie gute Nachrichten. Außer einer leichten Erkältung und etwas Fieber scheint das Baby nicht ernsthaft krank zu sein. Sie hat der Mutter auch gezeigt, wie sie einen Zwiebelwickel machen kann, und als Dankeschön beim Abschied eine Flasche vergorene Stutenmilch mit auf den Weg bekommen.

Kaum sind wir an diesem Morgen aufgebrochen, als wir neben der Straße eine ganze Familiensippe lagern sehen. Ein paar Männer sind damit beschäftigt, ein Schaf zu schlachten. Im Schritttempo fahren wir an ihnen vorbei, um die ganze Szenerie zu beobachten. Sie winken uns zu und fordern uns auf, anzuhalten.

Das obligate Gläschen Wodka darf dabei natürlich nicht fehlen.

Und so beginnt wieder einmal eine Geschichte, wie nur eine Reise sie schreiben kann.

Die Männer ziehen dem Schaf das Fell ab. Die Innereien kommen in eine große Schüssel, werden ausgewaschen und die Gedärme kunstvoll zu einem dünnen Zopf geflochten. Innerhalb eines Steinrings wird ein Feuer entfacht und in einem großen Wok ein paar Fleischstücke in heißem Öl angebraten. Dann wird Kohl dazugegeben. Während dieser Eintopf nun gar kocht, setzen sich alle auf eine bunte Decke ins Gras. Zuerst wird Fladenbrot mit Rahm »aufgetischt« und danach das Fleisch mit dem Kohl serviert, welches sich als Delikatesse erweist. Dabei darf natürlich das obligate Gläschen Wodka nicht fehlen. Eigentlich wollen wir uns nach diesem ersten Gang verabschieden. Doch werden wir angehalten, zu bleiben, und auch vom zweiten Teil des Essens zu kosten. Da wir nicht sicher sind, ob es als unhöflich gilt, jetzt zu gehen, lassen wir uns zum Bleiben überreden, obwohl wir sehen können, was auf uns zukommt. Nun brodelt der Rest des Schafes in der Pfanne: sämtliche Innereien und viele große Fettstücke. Vorsorglich zeigen wir schon mal auf unsere Bäuche, um zu signalisieren, dass wir bereits satt sind.

Die Suppe mit ein paar länglichen Fettstücken können wir durchaus noch mit unseren Essgewohnheiten vereinbaren, doch bei der anschließend gereichten Scheibe Fett mit

einer Scheibe Leber fällt uns das Zubeißen schon erheblich schwerer. Als schließlich die Innereien auf dem Teller landen, machen wir unseren Gastgebern klar, dass nun endgültig nichts mehr in unseren Bäuchen Platz hat. Dann sollen wir es auf die Weiterfahrt mitnehmen. Mit Erleichterung stellen wir fest, dass auch andere satt sind und die »Fleischstücke« vor sich auftürmen. Als am Ende das ganze Schaf unter der Sippe aufgeteilt ist, verabschieden wir uns und fahren weiter.
Leider konnten wir nicht herausfinden, ob es für dieses Festessen einen speziellen Anlass gegeben hat, und auch sonst hätten wir noch vieles in Erfahrung bringen wollen. Schade, die unterschiedlichen Sprachen haben mal wieder viele Fragen offengelassen und trotzdem haben wir uns alle amüsiert, viel gelacht und uns prächtig verstanden.
Der korrupte Bürokratieapparat bringt uns immer wieder an den Rand des Nervenzusammenbruchs, besonders in den Ländern der ehemaligen Sowjetunion. So auch, als wir nach über drei Wochen, wieder zurück in Bischkek, unser iranisches Visum beziehungsweise die dafür notwendige Referenznummer abholen wollen. Auf der iranischen Botschaft bekommen wir als Antwort, dass es noch keine Nachricht aus Teheran gebe und wir in zwei Wochen wiederkommen sollen.

Ein Schaf wird unmittelbar neben der Straße geschlachtet.

Wir glauben, nicht richtig zu verstehen, können wir doch unmöglich noch länger warten und brauchen baldmöglichst diese Referenznummer, die wir vor drei Wochen über die iranische Botschaft in Bischkek in Teheran beantragt haben. Damit erst können wir den eigentlichen Antrag für ein iranisches Visum stellen. Dieses wiederum benötigen wir, um ein Transitvisum für Turkmenistan beantragen zu können.
In letzter Zeit frisst diese umständliche und sinnlose Bürokratie all unsere kostbare Zeit und Energie auf. Da stellen wir uns auch schon mal die Frage, ob wir nicht besser eine ganz andere Reiseroute gewählt hätten. Diesmal scheint es wirklich eng zu werden: In ein paar Tagen müssen wir Kirgisistan verlassen, weil unser Visum ausläuft. Da jenes für Usbekistan bereits gültig ist, geht uns dort wiederum wertvolle Zeit verloren, die wir wahrscheinlich gut gebrauchen könnten, um unsere Weiterfahrt nach Turkmenistan und in den Iran zu organisieren.

Wir verstehen uns prächtig, obwohl wir uns sprachlich kaum verständigen können.

Bischkek verlassen wir schließlich unverrichteter Dinge, jedoch mit dem Versprechen des iranischen Botschaftsangestellten, dass er die Referenznummer, sobald er diese bekommen habe, an die iranische Botschaft in Taschkent weiterleiten werde.

Das Geheimnis der Seidenherstellung

Die Märkte Zentralasiens verzaubern uns mit ihrem geschäftigen Treiben, den bunten Farben und orientalischen Gerüchen.

Die sommerliche Hitze hat uns nun definitiv eingeholt. Täglich klettert das Quecksilber auf über 40 Grad. Auch dem Motor scheint die Hitze zuzusetzen und wir müssen beim Aufstieg zum Töö-Ashuu-Pass eine längere Pause einlegen, weil unser Bus zu überhitzen droht.

Bei Andijan reisen wir nach Usbekistan ein und die Fahrt nach Kokand bringt uns durch das Ferghana-Tal, eine fruchtbare Ebene mit langer Vergangenheit. Hier stellt die Landwirtschaft noch immer einen wichtigen wirtschaftlichen Zweig dar. Es wird vor allem Baumwolle angebaut. Um die Textilindustrie anzukurbeln, wurde während der Sowjetzeit nicht nur in Usbekistan, sondern auch in den umliegenden Ländern im großen Stil der Anbau von Baumwolle vorangetrieben.

Das Wasser zur Bewässerung dieser feuchtigkeitsintensiven Kultur wurde durch groß angelegte Projekte den Flüssen entnommen – mit verheerenden Folgen für die Umwelt.

Das Ferghana-Tal ist auch bekannt für die Seidenherstellung. Die größte traditionelle Seidenfabrik Usbekistans befindet sich in Marg'ilon. Um einen Einblick in den Herstellungsprozess zu bekommen, wollen wir uns einer Führung anschließen. Doch als wir bei der Fabrik vorfahren, macht uns unser abhandengekommenes Zeitgefühl wieder einmal einen Strich durch die Rechnung: Es ist Samstag und die Arbeiter haben Wochenende. Der Fabrikladen jedoch hat geöffnet. Ganz selbstverständlich gewährt man uns hier anhand von Fotos und einer kurzen Einführung Einblick in die einzelnen Prozesse der Seidenfabrikation.

Die Seidenherstellung war über Jahrtausende ein streng gehütetes Geheimnis Chinas. Wer Eier oder Kokons des Seidenspinners aus dem Land schaffen wollte, dem drohte die Todesstrafe. Nur fertige Stoffe durften das Reich der Mitte verlassen und gelangten im 4. Jahrhundert v. Chr. über die Seidenstraße auch bis nach Europa.

Drei Jahrtausende konnte China sein Geheimnis bewahren, dann wurde es von einer chinesischen Prinzessin verraten. Als diese gegen ihren Willen ins Königreich Hotan – heute ein Teil von China – verheiratet wurde, schmuggelte sie in ihrer Hochsteckfrisur Raupen und Maulbeersamen außer Landes, denn sie wollte an ihrem neuen Wohnort nicht auf den gewohnten Luxus verzichten.

Der Seidenspinner ist ein wollig behaarter Falter. Jedes Weibchen legt Hunderte körnergroße Eier, aus denen etwa drei Millimeter lange Raupen schlüpfen. Diese werden nur mit Blättern des Maulbeerbaumes gefüttert und erhalten 48 Mahlzeiten am Tag. Nach etwa vier Wochen und ebenso vielen Häutungen sind sie acht bis neun Zentimeter lang, fingerdick und wiegen das Achttausendfache ihres ursprünglichen Gewichts. Die Raupe spinnt nun einen Faden um sich herum und ruht schließlich als Puppe in ihrem wertvollen Kokon, welcher aus etwa drei Kilometern Seidenfaden besteht. In zwei bis drei Wochen entwickelt sich aus der Puppe ein Falter. Doch bei der Seidenfasergewinnung kommt es nicht so weit, weil der Falter beim Verlassen des Kokons die Fadenstruktur zerstört. Deshalb werden die eingesponnenen Larven mit Wasserdampf oder Heißluft getötet und der Seidenfaden vom

Die Seidenherstellung war über Jahrtausende ein streng gehütetes Geheimnis Chinas.

Kokon abgewickelt. Je nach gewünschter Fadenstärke werden vier bis zehn Seidenfäden zusammen auf Haspeln gewickelt und getrocknet. Beim Trocknen klebt der Seidenleim dann alle Fäden zusammen. Für ein Seidenhemd fressen etwa 3000 Raupen das Laub von zwei Maulbeerbäumen.

Wir sind froh, als uns die Straße hinter Kokand wieder in die Berge führt, denn wir sind der Hitze überdrüssig. Dafür fängt unser Bus erneut zu schwitzen an, als es zum Kamtschik-Pass hochgeht. Zweimal müssen wir anhalten, um den Motor abkühlen zu lassen. Dass hier die tadschikische Grenze nicht weit ist, zeigen die vielen Kontrollpunkte und Fotografierverbote entlang der Straße. Doch wir werden in Ruhe gelassen und nicht ein einziges Mal kontrolliert. Unterwegs schlagen wir unser Nachtlager an einem Bach auf und erreichen früh am nächsten Tag Taschkent, die Hauptstadt Usbekistans. Von der 2000 Jahre alten Geschichte dieser Stadt bekommt man heute nicht mehr viel mit, wurde sie doch 1966 bei einem Erdbeben vollständig zerstört und anschließend nach sowjetischen Maßstäben wieder aufgebaut. Heute wechseln sich graue Plattenbauten mit modernen Hochhäusern ab, dazwischen liegen grüne Parks als Oasen der Erholung.

Im Vergleich zu anderen Städten in Usbekistan hat Taschkent touristisch eher wenig zu bieten. Doch wir müssen trotzdem ein paar Tage bleiben, um uns erneut mit Visumsangelegenheiten herumzuschlagen, und kommen dabei einmal mehr mit unseren Nerven an die Grenzen der Belastbarkeit. Auch in Taschkent gibt es noch immer keine Antwort aus Teheran. Wahrscheinlich sind unsere Anträge im Chaos einer Teheraner Amtsstube verschwunden.

Dafür lassen sich die iranischen Botschaftsangestellten in Taschkent davon überzeugen, dass uns die Zeit wirklich davonrennt. Wir müssen einen neuen Antrag stellen. Dafür verspricht man uns, dass wir das fertige Visum bereits in drei Tagen und nicht wie üblich erst in einem Monat bekommen werden. Kopfzerbrechen bereitet uns, dass wir am nächsten Morgen nochmals für ein Interview in der iranischen Botschaft erscheinen sollen. Wie antworten wir bloß, wenn sie uns fragen, was wir von den Kleidervorschriften für Frauen im Iran halten, ob wir verheiratet sind oder wenn uns Fragen zur

Von der 2000 Jahre alten Geschichte dieser Stadt bekommt man heute nicht mehr viel mit.

iranischen Politik gestellt werden? Umso überraschter sind wir, als es dann bei diesem Interview allein darum geht, dem iranischen Botschaftsangestellten zur Seite zu stehen, um den englischen Visumsantrag ins Farsi zu übersetzen.
Wir sind überglücklich und erleichtert, als wir schlussendlich ein iranisches Transitvisum in unseren Pässen haben. Doch die Euphorie währt nur kurz. Als wir gleich anschließend auf der turkmenischen Botschaft ein Visum beantragen wollen, fängt die ganze Bürokratie wieder von vorn an. Zuerst warten wir zusammen mit vielen anderen Menschen, bis die Tür zur Botschaft mit einer halben Stunde Verspätung endlich geöffnet wird. Einlass wird immer nur zwei Personen auf einmal gewährt. In Rage bringt uns, dass die Warteliste, für die ich heute Morgen extra um fünf Uhr aufgestanden bin, um mich einzutragen, ignoriert wird. Stattdessen dürfen all jene hinein, die dem Wachpersonal heimlich einen Geldschein zustecken. Bei derartigen Spielchen machen wir aus Prinzip nicht mit. Entsprechend müssen wir uns gedulden und letztendlich nach ein paar Stunden unverrichteter Dinge wieder abziehen, als die Botschaft für heute ihre Türen schließt. Wir werden auf morgen vertröstet. Doch am nächsten Tag beginnt das ganze Theater von vorn. Obwohl ich eine halbe Stunde vor dem offiziellen Termin bei der Botschaft erscheine, stehen bereits viele Namen auf der Liste. Und wie wir es erwartet haben, wird auch heute wieder das gleiche Spiel gespielt: Wer bezahlt, findet Einlass, die anderen werden ignoriert. Wir intervenieren lautstark, verweisen abermals auf die Liste mit den Namen und drohen, die Schweizer Botschaft einzuschalten. Man beschwichtigt und vertröstet uns bis fünf Minuten vor der offiziellen Schließungszeit. Als Letzte dürfen wir dann hinein und brauchen weniger als eine Minute, um die Anträge am Schalter abzugeben.
In zehn Tagen sollen die fertigen Visa abholbereit sein. So lange wollen wir nicht in Taschkent ausharren. Wir brennen darauf, wieder unterwegs zu sein, und werden wohl oder übel nochmals in diese Stadt zurückkehren müssen.

Eine Welt aus Tausendundeiner Nacht

Als Marco Polo im 13. Jahrhundert auf einer seiner Reisen bis nach China gelangte, entdeckte er für die Europäer eine neue wichtige Handelsroute, deren Wurzeln schon damals mehr als 1000 Jahre zurückreichten. Die alte Seidenstraße verband

in einem Netz aus Haupt- und Nebenrouten den Orient mit dem Okzident. Von Chinas alter Hauptstadt Chang'an, dem heutigen Xi'an, brachen die Karawanen auf und zogen durch die lebensfeindliche Taklamakan-Wüste und über die eisigen Bergpässe des Pamir bis nach Zentralasien. In den großen Handelsstädten, die fast alle im heutigen Usbekistan liegen, wurden Seide, Tee, Papier, Porzellan und Gewürze mit Kaufleuten aus dem Westen gegen Gold, Silber, Elfenbein, Wolle und Glas getauscht. Ihre Blütezeit erlebte die Seidenstraße im 2. Jahrhundert n. Chr. Erst mit der Verlagerung des Warentransports auf den schnelleren und sichereren Seeweg verlor diese Handelsroute rasch an Bedeutung. Die Faszination der Seidenstraße aber ist geblieben und liegt vor allem im Aufeinandertreffen der unterschiedlichsten Völker und derer Kulturen und Religionen. Es wurden nicht nur Waren untereinander getauscht, sondern auch Ideen, Philosophien und Traditionen weitergegeben. Wichtig für dieses friedvolle Miteinander war gegenseitige Toleranz, die der heutigen Gesellschaft immer mehr abhanden zu kommen scheint.

In Usbekistan ist es einmal nicht die Landschaft, die uns zu begeistern vermag, es sind vielmehr die Städte Samarkand

Fladenbrotverkäuferinnen auf dem Markt in Samarkand

Schaschlik, feine Fleischspieße, gibt es an jeder Straßenecke zu kaufen.

und Buchara. Diese einst wichtigen Handelszentren erstrahlen dank aufwendiger Renovierungsarbeiten heute wieder in ihrem alten Glanz. Samarkand gilt als eine der ältesten Städte Asiens. Nach ihrer Eroberung im 4. Jahrhundert v. Chr. durch Alexander den Großen soll dieser gesagt haben: »Alles ist so, wie ich es gehört habe, außer dass die Stadt viel schöner ist, als ich sie mir je hätte vorstellen können.« Im Jahr 712 erreichten dann die Araber diese Oasenstadt und errichteten die ersten Moscheen und Koranschulen. In der Folge entwickelte sich der Ort schnell zu einem zentralen Umschlagplatz an der Seidenstraße. Ihre Blütezeit erlebte Samarkand unter dem Kriegsherrn Timur. 1370 kam dieser mit seiner Reitertruppe nach Samarkand und machte die Stadt zum Zentrum seines Reiches. Auf seinen Eroberungszügen durch die gesamte islamische Welt massakrierten seine Truppen die Bevölkerung und zerstörten ganze Städte. Nur Künstler und die besten Handwerker blieben verschont und wurden nach Samarkand verschleppt, wo sie die atemberaubende Architektur schufen, welche die Stadt zur angeblich schönsten der Welt machte. Noch heute zählen diese monumentalen Bauwerke zu den eindrücklichsten Beispielen islamischer Baukunst.

Wie in einem Traum aus Tausendundeiner Nacht: die Altstadt von Buchara

Auch uns vermag diese Stadt in ihren Bann zu ziehen. Das herausragendste aus einer Fülle von Baudenkmälern ist sicherlich der Registan: ein riesiger Platz mit einem Ensemble aus drei monumentalen Bauwerken, verziert mit filigranen orientalischen Mosaiken, türkisfarbenen Kuppeltürmen und im Innern teilweise kostbar mit Gold ausgeschmückt. Der Platz diente früher einmal als Basar. Das älteste Bauwerk, die Ulugbek-Medrese, wurde 1420 fertiggestellt und steht auf der Westseite des Platzes. Hier wurden die Studenten in Mathematik, Theologie, Astronomie und Philosophie unterrichtet. Die beiden anderen Bauwerke stammen aus dem 17. Jahrhundert. Nebst anderen baulichen Denkmälern fasziniert uns in Samarkand vor allem der große Basar. Hier lassen wir uns verzaubern vom geschäftigen Treiben, den bunten Farben und den orientalischen Gerüchen. Es gibt Früchte und Gemüse, zu großen Haufen aufgetürmt, in allen Farben und Formen, daneben ofenfrische, mit Sesam bestreute Fladenbrote, dann wieder Berge aus glitzerndem Kandiszucker. Tee, Gewürze, Nüsse und getrocknete Aprikosen werden zum Verkauf angeboten, dazwischen sieht man Frauen in bunten Kleidern und alte Männer mit langen Bärten, es wird gedrängelt und gefeilscht, Waren wechseln den Besitzer. Wir lassen uns mal hier und mal dort auf einen kurzen Schwatz ein und gehen in den zahllosen Garküchen auf kulinarische Entdeckungsreise, tauchen ein in diese Welt aus Tausendundeiner Nacht und fühlen uns zurückversetzt in die Zeit, als hier noch Karawanen haltmachten.

Von Samarkand führt uns die Reise weiter nach Buchara. Was früher für die Karawanen eine bis zu zweiwöchige strapaziöse Reise bedeutete, schaffen wir mit unserem Bus in wenigen Stunden. Links und rechts der asphaltierten Straße erstreckt sich die Wüste als große Leere bis an den Horizont, einzig unterbrochen durch ein paar Oasen. Unterwegs gibt es auch einige Kontrollposten von Polizei und Militär. Für uns jedoch scheint sich keiner zu interessieren. Ich vermute, dass dies an den aufgeklebten Schweizer Kreuzen liegt.

Buchara war früher ebenfalls ein wichtiger Ort an der Seidenstraße und auch diese Stadt fesselt uns mit ihrem orientalischen Charme. Die Altstadt besteht aus einer Ansammlung architektonisch sehenswerter Bauwerke: ehemalige Medresen und Karawansereien, überdachte Markthallen, Moscheen und das imposante 800 Jahre alte Kalan-Minarett. Die Zita-

delle Ark ist Bucharas ältester Teil und war einst Wohnstätte der hier herrschenden Feudalherren. Von dieser auf einer Anhöhe gelegenen Residenz bietet sich uns ein großartiger Ausblick die Altstadt. Lohnenswert ist es auch, sich durch die engen, verwinkelten Gassen treiben zu lassen, in denen es so manch Interessantes zu entdecken gibt. In der Vergangenheit war Buchara durchzogen von einem Netz künstlich angelegter Wasserkanäle und es gab mehr als 200 steinerne Wasserbecken, die man Hauz nennt. Hier trafen sich die Menschen zum Teetrinken und Schwatzen, aber auch um zu waschen. Heute gibt es nur noch wenige dieser Becken. Eines davon ist Labi-Hauz. Hier sitzen alte Männer im Schatten der Maulbeerbäume, spielen und plaudern, während die Kinder im Wasserbecken plantschen.
Schade ist es, dass außer den zahllosen Souvenirverkäufern und Touristen kaum noch Leben in der Altstadt herrscht, stattdessen verkommt dieses interessante Viertel immer mehr zu einem Freilichtmuseum. Würde man die engen Gassen und großen Plätze mit farbenfrohen Märkten, geschäftigen Teehäusern, Eselskarren und Lastenträgern beleben, dann könnte dieser Ort sicherlich noch viel mehr Charme und Atmosphäre versprühen und den Eindruck erwecken, alles sei so wie damals, als die Kamelkarawanen noch die alte Seidenstraße entlangzogen.

Männer beim nachmittäglichen Spiel am Labi Hauz in Buchara

Ein überwältigendes Willkommen im Iran

Persepolis, die einstige Hauptstadt des Perserreiches

Die Einreise in den Iran erweist sich als schwierige Angelegenheit. Das größte Problem liegt darin, dass wir kein Wort Farsi verstehen und dadurch nicht in der Lage sind, die auszufüllenden Formulare zu verstehen. Es ist uns auch nicht möglich, in dem verwinkelten Zollgebäude die richtigen Schalter zu finden, denn auch diese sind nur in Farsi beschriftet. Also bleibt uns nichts anderes übrig, als die Dienste eines Helfers in Anspruch zu nehmen. Drei Stunden benötigen wir, um sämtliche Formalitäten zu durchlaufen, dann sind wir im Iran. Yvonne hat sich ab sofort an die islamische Kleiderordnung für Frauen zu halten. Von ausländischen Touristinnen wird erwartet, dass sie ein Kopftuch sowie eine lange Hose oder einen Rock tragen, die Arme müssen bedeckt und die Kleidung darf nicht zu figurbetont sein.
All die Menschen mit ihren schwarzen Haaren, verschleierte Frauen, alte Männer mit Turban – und plötzlich sind da wieder

Wegweiser, an denen wir uns orientieren können. Augenfällig sind auch die vielen Motorräder auf den Straßen, nicht selten mit einer ganzen Familie auf dem Sattel. Wieder einmal sind wir in einer ganz anderen Welt gelandet.

Weil wir erst einmal richtig im Iran ankommen wollen, suchen wir uns schon bald einen Lagerplatz für die Nacht. Auf einer kleinen Anhöhe in der Nähe eines Dorfes werden wir fündig und genießen die Ruhe und den Rundumblick. Gegen Abend herrscht auf dem kleinen Schotterweg, der unmittelbar an unserem Lagerplatz vorbeiführt, plötzlich reger Verkehr.

Die Menschen fahren von ihrer Arbeit in den umliegenden Gärten nach Hause. Immer wieder halten sie an, um Hallo zu sagen und sich nach unserem Wohlbefinden zu erkundigen. Außerdem wollen sie wissen, woher wir kommen und wohin wir wollen. Die zwei, drei Wörter, die wir in Farsi kennen, und unser kleines Bilder-Wörterbuch helfen uns in diesem Moment nicht weiter. Auch mit Gestik können wir uns nicht verständlich machen. Und trotzdem schaffen wir es irgendwie, uns gegenseitig auszutauschen. Keiner der Besucher geht, ohne uns eine Melone oder eine Handvoll Tomaten dazulassen, und wer nichts bei sich hat, kehrt wenig später mit einem Geschenk wieder zurück. So türmt sich schließlich ein ganzer Berg Melonen auf unserem Tisch, den wir niemals allein werden essen können, daneben liegen Tomaten, Schaffleisch, frische Milch, Pistazien und Bonbons.

Ein Tisch voller Gaben als Willkommensgeschenk im Iran

Wir sind überwältigt von diesem herzlichen Empfang, und das ausgerechnet im Iran, der bei uns in den Medien immer nur für negative Schlagzeilen sorgt. Diese unglaubliche Gastfreundschaft erfahren wir auf unserer gesamten Fahrt durch das Land immer wieder neu. Wir werden zum Tee eingeladen und wenn wir uns in einer Bäckerei in der Warteschlange hinten anstellen, dauert es nicht lange, bis wir nach vorn gerufen werden und man uns einen ganzen Stapel frischer Fladenbrote direkt aus dem Ofen in die Hände drückt. Dafür zu bezahlen – ein Ding der Unmöglichkeit, mit der Begründung, wir seien Gäste in ihrem Land und sie somit als unsere Gastgeber für unser Wohlergehen verantwortlich.
Positiv überrascht sind wir auch, als wir zum ersten Mal eine Tankstelle ansteuern und dabei erfahren, dass ein Liter Diesel nur knapp zwei Cent kostet.
Für die rund 4000 Kilometer lange Strecke durch das Land haben wir ein fünf Tage gültiges Transitvisum. Wir hoffen aber, dass wir dieses in Isfahan verlängern lassen können. Der zeitliche Druck, aber auch der unbeschreibliche Verkehr sorgen dafür, dass wir Teheran rechts liegen lassen. Zügig fahren wir auf der Autobahn über Ghom nach Kaschan und von dort über kurvige Bergstraßen weiter nach Meymeh. Landschaftlich ist der Iran über weite Strecken geprägt von kargen, trockenen Wüsten, ab und zu durchbrochen von einem grünen Tal.
In Shoqan stehen wir zum wiederholten Mal auf einer Straßenkreuzung und wissen nicht weiter. Zufällig vorbeikommende Polizisten bieten uns an, uns auf die richtige Straße zu bringen. Sie fordern uns auf, ihnen zu folgen. Die Fahrt endet auf dem Polizeirevier und einmal mehr werden unsere Personalien aufgenommen. Anschließend fährt ein Polizist mit unseren Pässen weg, angeblich, um eine Kopie davon zu machen. Wir sind verunsichert, weil wir nicht wissen, was abläuft. Nach einer halben Stunde bekommen wir unsere Papiere kommentarlos wieder ausgehändigt, und zwei Beamte begleiten uns zurück auf die Straße. Über die Gründe dieser Kontrollen können wir nur spekulieren.
Ähnlich erging es uns auch schon vor ein paar Tagen. Es muss in der Nähe von Galikesh gewesen sein, als wir von der Polizei an unserem Lagerplatz aufgegriffen und zur Polizeistation gebracht wurden, unter dem Vorwand, dass es viel zu gefährlich sei, draußen zu campen. Auch hier wurden wir registriert

Kleidervorschriften im Iran: Ein Tschador muss es nicht sein, weite Kleidung und Kopftuch aber schon.

und danach riefen die Polizisten Ahmad, einen Englisch sprechenden Freund von ihnen. Ahmad lud uns schließlich zu sich nach Hause ein, bewirtete uns einen Abend lang und bot uns einen Schlafplatz an. Wir plauderten über Gott und die Welt, tranken Tee und obwohl wir wiederholt versicherten, bereits gegessen zu haben, wurde uns vor dem Schlafengehen auch noch ein gutes Abendessen aufgetischt. Außer seiner zweijährigen Tochter Fatima und dreien seiner Neffen haben wir den ganzen Abend niemanden aus der Familie zu Gesicht bekommen. Erst bei der Verabschiedung am nächsten Morgen zeigte sich auch seine Frau kurz. Dieses Beispiel hat uns einmal mehr die außergewöhnliche Gastfreundschaft der Iraner und ihre Offenheit und Herzlichkeit gegenüber Fremden gezeigt. Dass die im Haus lebenden Frauen den Besuchern nicht vorgestellt werden, ist allerdings Teil der islamischen Religion und Kultur.

Auf unserer Fahrt durch den Iran haben wir übrigens wiederholt den Eindruck, vom Staat beobachtet und überwacht zu werden. Den eigenen Bürgern in diesem Land dürfte es nicht anders ergehen, auch sie stehen sehr wahrscheinlich unter Dauerbeobachtung und ihnen wird ein enges gesellschaftliches Korsett aufgezwungen.

Karge Lebensumstände: ein Nomadenlager in der Wüste des Iran

Nomaden ziehen im Iran in ein neues Lager um.

Isfahan, eine Perle des Orients

Etwa 100 Kilometer vor Isfahan machen wir Mittagspause unter ein paar Schatten spendenden Bäumen, als sich ein Iraner zu uns gesellt. Er heißt Afshari, kommt aus Teheran und ist ebenfalls auf dem Weg nach Isfahan, wo er seine Familie besuchen will. Wir kommen ins Gespräch und schließlich bietet uns Afshari an, das restliche Wegstück gemeinsam zu fahren. Dort will er uns zum Ghadir Garden bringen, wo wir sicherlich auch in unserem Camper übernachten könnten.

Als wir Isfahan erreichen, liegen Hunderte von Kilometern öder und staubiger Wüste hinter uns und eine grüne Flussoase mit fruchtbaren Gärten eröffnet sich vor uns. Die Stadt gilt als eine der schönsten des Landes und wenn man einem persischen Sprichwort Glauben schenkt, ist Isfahan »die Hälfte der Welt«. Die Stadt liegt am Rande der iranischen Hochebene, im Süden und Westen umgeben von den Bakhtiyari-Bergen.

Afshari fährt mit uns an den Zayandeh Rud, was so viel heißt wie lebensspendender Fluss. Hier überspannen verschiedene geschichtlich wie architektonisch interessante Brücken den

Fluss. Jetzt im Sommer ist dieser aber ausgetrocknet, weil sein Wasser, wie schon seit Jahrhunderten, zur Bewässerung der umliegenden Felder über ein Kanalsystem abgeleitet wird.
Im Schnelldurchgang klärt uns Afshari über die Geschichte und die Besonderheiten der einzelnen Brücken auf. Isfahan ist eine der ältesten Städte des Iran. Die Blütezeit erlebte die Stadt im 17. Jahrhundert unter den Safawiden. Einer der bedeutendsten Herrscher dieser Zeit war Schah Abbas I. Er machte Isfahan zur Hauptstadt des Perserreichs und holte Künstler und Handwerker aus dem ganzen Land. Viele der heutigen Prachtbauten der Stadt stammen aus dieser Zeit, wie auch einige der Brücken über den Zayandeh Rud. Brücken haben in dieser alten Oase als Verbindung der beiden Flussseiten schon immer eine wichtige Rolle gespielt. So ist die Siosepol oder 33-Bogen-Brücke, erbaut unter Schah Abbas I., das Wahrzeichen der Stadt und ein Meisterwerk der damaligen Brückenarchitektur.

Die Stadt Isfahan gilt als eine der schönsten des Landes.

Afshari spendiert uns nach dem Rundgang ein Eis und bringt uns zum Ghadir Garden, einer parkähnlichen Gartenanlage mitten in der Stadt, wo wir auf unzählige Iraner treffen, die hier campen. Auch uns wird erlaubt, unseren Bus für ein paar Tage abzustellen.
Am nächsten Tag brechen wir zu einer Stadtbesichtigung auf und werden auf dem zentralen Imam-Platz von einem Studenten namens Mohammed angesprochen, der sein Englisch verbessern möchte. So kommen wir unerwartet zu einem Fremdenführer. Der 500 Meter lange, von doppelstöckigen Arkaden gesäumte Platz des Imam bildet das Herzstück der Stadt. An seinem südlichen Ende steht die Imam-Moschee, ein eindrucksvolles Beispiel islamischer Architektur mit einem riesigen Eingangsportal, gekrönt von zwei Minaretten. Auf der Moschee thront eine riesige Kuppel, ein Kunstwerk aus 18 Millionen Ziegelsteinen, die kunstvoll mit farbigen Mosaiken verziert sind.
An der nördlichen Seite des Platzes gelangen wir durch das Qeisariyeh-Tor in den teilweise überdachten Basar, ein dichtes Wirrwarr aus engen Gassen, Kuppeln und Innenhöfen. Der Markt ist unterteilt in verschiedene Bereiche, von

Die Imam-[illegible]
ein [illegible] Beispiel
[illegible] Baukunst

denen jeder auf ein bestimmtes Produkt spezialisiert ist. So gibt es eine Gasse nur mit Stoffen, eine andere mit Schuhen und wieder eine andere mit Töpfen. In einem Innenhof finden wir die Teppichhändler, dahinter die Kleiderverkäufer und die Gewürzhändler, bis wir schließlich durch eine Straße voller Süßigkeiten schlendern. Wir lassen uns fesseln von dieser einzigartigen Atmosphäre, dem geschäftigen Treiben und der Farbenpracht der angebotenen Waren.

In Isfahan wird unser iranisches Transitvisum unbürokratisch um vierzehn Tage verlängert und wir machen uns schließlich auf die Weiterreise in die Hochebene von Marvdascht, nach Persepolis, zu den baulichen Überresten der einstigen Hauptstadt des Perserreichs. Die Stadt wurde 520 v. Chr. von König Darius gegründet und durch seine Nachfolger immer weiter ausgebaut. Entstanden ist eine von einer hohen Mauer umgebene Residenzstadt mit Königspalästen, Kasernen, Wohnungen für die Bediensteten, Verwaltungs- und Lagerräumen. Die Stadt aber hatte nur 200 Jahre Bestand, dann wurde sie von den Truppen Alexanders des Großen niedergebrannt. Es wird vermutet, dass es sich dabei um einen Racheakt gehandelt hat, weil König Xerxes I. die Akropolis in Athen hatte zerstören lassen. Durch die Hitze des Feuers wurden etwa 30 000 Tontafeln derart gehärtet, dass sie mehr als 2500 Jahre in gutem Zustand überdauert haben.

Heute sind sie für die Archäologen wichtige Zeitdokumente, enthalten sie doch Aussagen über die Lebensumstände von damals, zum Beispiel darüber, dass für den Bau der Stadt nicht etwa Sklaven eingesetzt wurden, sondern bezahlte Handwerker und Künstler.

Uns ist, als würden wir in einem orientalischen Geschichtsbuch blättern.

Lange Zeit lag Persepolis in der Wüste verborgen. Erst in den 1920er-Jahren haben Archäologen damit begonnen, ihre Überreste wieder auszugraben. Ein Rundgang durch die Ruinenstadt lässt uns den Glanz, der einst von diesem Ort ausgegangen sein muss, nur noch bruchstückhaft erahnen. Wir sind trotzdem fasziniert von den damaligen Handwerkskünsten, geschaffen mit den einfachsten Werkzeugen. Von der Apadana, dem wohl größten Palast von Persepolis, stehen heute nur noch die knapp 20 Meter hohen Säulen, die das Dach der riesigen Audienzhalle getragen haben. An den Treppenaufgängen, die zum Palast hinaufführen, haben Stein-

Lebendige Geschichte: die fein bis ins Detail geschaffenen Figuren in der Ruinenstadt Persepolis, Iran

metze Figuren und Bilder geschaffen, die durch ihre feinen Details bestechen und ein lebendiges Bild der damaligen Zeit vermitteln. Uns ist, als würden wir in einem orientalischen Geschichtsbuch blättern. Die Darstellungen zeigen Besucher aus dem gesamten achämenidischen Reich, die dem König anlässlich des Neujahrfestes die Ehre erweisen und Geschenke überbringen. Detailliert sind die einzelnen Volksgruppen in ihren typischen Trachten dargestellt, darunter Babylonier und Ägypter, Araber, Griechen, Skythen und Inder. In diesem Völkergemisch spiegelt sich auch die Größe des damaligen Königreichs wider, das sich von der Donau bis an den Indus erstreckte.

Wir fahren weiter nach Schiras, von dessen Bewohnern gesagt wird, dass sie die liebenswürdigsten und glücklichsten aller Iraner seien, und besuchen Bam, das nach dem verheerenden Erdbeben vom 26. Dezember 2003 trotz reger Bautätigkeit noch vielerorts einer Schutthalde gleicht.

Kunst auf Rädern und ein orientalisches Märchen

Allgegenwärtig auf Pakistans Straßen: die kunterbunt geschmückten Lastwagen

Nach nur drei Stunden sind die Grenzformalitäten geschafft und wir in Pakistan angekommen. Im Grenzort Taftan wird offensichtlich, warum wir heute Morgen in Mirjaveh, noch auf iranischer Seite der Grenze, nicht mehr als fünf Liter Diesel für unseren Bus bekommen haben, und das erst nach langer Diskussion. Der Tankwart hatte noch gesagt, damit könnten wir es bis nach Pakistan schaffen. Und hier gibt es nun an jeder Straßenecke und in jeder gewünschten Menge Treibstoff zu kaufen. Der Schwarzhandel scheint zu florieren. Wen wundert's, kostet der Treibstoff doch hier mehr das 30-Fache dessen, was wir noch im Iran dafür bezahlt haben. Was uns in Taftan sofort ins Auge fällt, sind die kunterbunten und mit allen möglichen Motiven verzierten Lastwagen.
Der Weg über Dalbandin nach Quetta führt uns durch die Wüste Belutschistans. Das Land ist flach, eine trostlose Einöde, weit und grenzenlos. Am Horizont begleiten uns karge

Ein Schafhirte in der Wüste von Belutschistan, Pakistan

Hügelzüge und von Zeit zu Zeit treffen wir in dieser menschenfeindlichen Gegend auf die Ruinen einer verlassenen Karawanserei oder gar auf umherziehende Nomaden. Wir können uns schlicht nicht vorstellen, wovon sich diese Menschen und ihre Tiere hier ernähren können. Wir teilen die Straße mit vielen bunten Lastwagen und werden ständig von Treibstoffschmugglern in ihren klapprigen, überladenen Pick-ups überholt. Die Asphaltstraße wird zunehmend schlechter: Schlaglöcher, dann wieder ist die Teerdecke ganz verschwunden. Immer wieder werden wir von Polizisten und Militärs angehalten, die unsere Personalien in riesige Bücher eintragen. Als wir uns in Dalbandin an einer Straßenkreuzung nach dem Weg erkundigen, greift uns die Polizei auf und wir müssen im Gefängnishof auf der Wache übernachten – alles nur zu unserem Schutz und unserer Sicherheit.
Pakistanische Straßen sind undenkbar ohne die bunten und mit allen möglichen Motiven verzierten Lastwagen. Diese Fahrzeuge sind der Stolz und wahrscheinlich auch das ganze Vermögen ihrer Besitzer. Nicht selten werden mehrere Tausend Euro in die Dekoration eines einzigen Lastwagens investiert, mehr als der durchschnittliche Jahresverdienst

des Fahrers. Nicht nur Lastwagen, sondern fast alles, was Räder hat, wird in Pakistan auf diese Weise verziert. Wo wir uns auch hinbewegen, überall begegnen uns diese fahrenden Kunstwerke, nicht selten beladen bis an die Grenzen ihrer Belastbarkeit.

Ganz besonders angetan sind wir von den zahlreichen alten Bedford-Lastwagen mit ihren meist wunderschön geschnitzten Holztüren und den in den knalligsten Farben bemalten und mit Blechmotiven verzierten Holzaufbauten. Das Innere der Fahrerkabinen gleicht der Trophäenwand einer Schießbude und ist behängt mit allem möglichen Krimskrams sowie künstlichen Blumengirlanden. Dem Fahrer bleibt oft nur noch ein winziges Guckloch, um nach draußen auf die Straße zu schauen. Ist dies etwa ein Grund für die oftmals so haarsträubende Fahrweise der pakistanischen Lastwagenfahrer? Kurz vor Quetta führt die Straße über den Lak-Pass. Hier verweilen wir einen Moment, um den Verkehr zu beobachten, der sich die Steigung hochkämpft, und bekommen dabei ein bühnenreifes Straßentheater der ganz besonderen Art geboten: Eine schwarze Rauchwolke hinter sich herziehend, quälen sich überladene Laster den Berg hoch. Im Schlepptau Männer mit

Gewichtslimits für Lastwagen scheint es in Pakistan nicht zu geben.

schweren Steinen oder Holzkeilen, die sie unter die Räder schieben, sobald die Wagen entkräftet am Berg stehen bleiben, und so verhindern, dass diese wieder talwärts rollen. Als wir Quetta erreichen, kommen wir nicht wie erwartet in ein verschlafenes Wüstennest, sondern in eine quirlige Stadt – ein Ort wie aus einem orientalischen Märchen. Wir bleiben ein paar Tage und lassen uns ziellos durch dieses Labyrinth aus Straßen und Gassen treiben. Es herrscht ein heilloses Durcheinander: Pferde- und Kamelfuhrwerke, knatternde Rikschas, Fahrradfahrer und Autos, bis an die Grenzen überladene Esels- und Handkarren, rußende Lastwagen, kunstvoll bemalte Autobusse. In den offenen Abwasserkanälen schwimmen Abfall und Unrat in einer schwarzen Brühe. Der durchdringende Gestank, der davon ausgeht, bleibt in der dicken, von Staub und Abgasen geschwängerten Luft hängen. Dann wieder duftet es angenehm nach frischen Chapatis, gegrilltem Schaschlik und warmem Süßgebäck. Die Mehrheit der Bevölkerung von Quetta, genau wie die im angrenzenden Teil Afghanistans, gehört der Volksgruppe der Paschtunen an. Entsprechend stark ist der afghanische Einfluss in dieser Wüstenstadt zu spüren. Die orientalische Atmosphäre wird verstärkt durch die bärtigen Männer, die Turban und den traditionellen Shalwar Kamiz tragen: weite Hosen und langes Hemd. Auch Kinder sind allgegenwärtig, nur Frauen bekommt man in der Öffentlichkeit kaum zu Gesicht, und wenn, dann sind sie stark verhüllt. Yvonne fühlt sich hier besser in weiter Kleidung und Kopftuch, da sie so weniger den Männerblicken ausgesetzt ist.

Ganz besonders angetan sind wir von den zahlreichen alten Bedford-Lastwagen.

Auf den Märkten und in den umliegenden Gassen herrscht geschäftiges Treiben und eine Überfülle von allen möglichen Waren, Farben, Gerüchen und Überraschungen. Hagere Jungen sitzen hinter Bergen von Gemüse und Früchten, von Fliegen übersätes Fleisch ist zum Verkauf aufgehängt. Daneben hocken Bettler, spielen Kinder, man plaudert, trinkt Tee, flickt Schuhe und Fahrräder. Immer wieder werden wir von Männern angesprochen, die uns fragen, woher wir kommen, und uns auffordern, Fotos von ihnen zu machen.

Bei den afghanischen Geldwechslern im Basar wollen wir unsere Dollars in pakistanische Rupien wechseln und

In den Straßen von Quetta herrscht ein geschäftiges Durcheinander.

bekommen einen überdurchschnittlich hohen Wechselkurs angeboten. Bei mir gehen sofort die Warnlampen an. Ein guter Kurs kann auch nur dazu gut sein, dass sich der Kunde auf ein Geschäft einlässt. Der Afghane zählt und übergibt mir ein dickes Bündel pakistanischer Geldnoten. Ich zähle nach. Ein Geldschein fehlt. Der Geldstapel geht zurück, der Afghane zählt nochmals nach, und tatsächlich: Er legt noch einen Schein obendrauf und drückt mir das Bündel wieder in die Hand. Als ich nun abermals Anstalten mache, das Geld nachzuzählen, verlangt er es umgehend wieder zurück. Damit hat er wohl nicht gerechnet. Weil man mich aber mit genau derselben Masche schon einmal in Afrika übers Ohr hauen wollte, habe ich bei der erneuten Geldübergabe genau aufgepasst und gesehen, wie er mit geschickten Fingerbewegungen einige Geldscheine in seiner Handfläche hat verschwinden lassen. Das Geschäft ist also geplatzt.

Auf der Fahrt von Quetta nach Loralai dominiert weiter die Wüste, und Oasen sind selten. Dafür treffen wir auf gastfreundliche und interessierte Menschen, die uns zum Tee einladen und mit Äpfeln beschenken. An der Grenze zum Punjab werden wir einmal mehr von der Polizei angehalten, die unsere Personalien aufnimmt. Nur wenig später überholt uns ein Polizeiauto und fährt immer vor uns her. Als wir einen Halt einlegen wollen, stoppt auch das Polizeiauto und wir werden aufgefordert, wieder einzusteigen und ihnen zu folgen, denn sie seien von nun an unser Begleitschutz. Wir fahren fast ohne Unterbrechung. An Bezirksgrenzen oder wann immer wir eine neue Stadt erreichen, gibt es bei unseren Begleitfahrzeugen fliegenden Wechsel. Halten wir ausnahmsweise doch mal an, stehen sofort zwei Polizisten mit Kalaschnikows neben uns. Den Kontakt mit den Einheimischen verwehren uns unsere bewaffneten Begleiter – alles nur zu unserer eigenen Sicherheit, wie sie immer wieder betonen. Abends werden wir zum Übernachten in eine Polizeistation gefahren oder bekommen ein Zimmer in einem Gästehaus für staatliche Beamte, Wachpersonal und Abendessen inklusive.

Bei Dera Ghazi Khan führt die Straße hinunter an den Indus, nun folgen wir einem saftig grünen Tal nach Islamabad. Die Wüste liegt hinter uns. Man sieht nun Wasserbüffel, Esel- und Kamelgespanne und in den Dörfern quellen die Straßen förmlich über mit Leben, sodass wir uns manchmal bereits in Indien glauben. Immer mehr gehen unsere Bewacher uns

Begegnungen auf dem Markt in Quetta

auf die Nerven. Wir wollen nicht länger in ständiger Begleitung einer Eskorte durch das wunderbare Pakistan brausen. Wir wollen vielmehr unsere Freiheit zurück und fangen an, gegen unsere »Beschützer« zu rebellieren, auch um endlich einmal in Ruhe zu fotografieren. Erst als wir in Balkasar auf die Autobahn in Richtung Islamabad einbiegen, lässt man uns allein weiterziehen.

Hunza, ein Shangri-la im Norden von Pakistan

Im Tourist Camp in Islamabad treffen wir auf andere Überlandreisende. Es tut uns beiden gut, wieder einmal mit Gleichgesinnten in der uns vertrauten Sprache zu plaudern.

Großartige Landschaften erwarten uns im Norden Pakistans.

Man tauscht Reisegeschichten aus, diskutiert über Gott und die Welt, »redet Diesel« oder faulenzt einfach mit einem Buch in der Hängematte und vergisst dabei die Zeit.
Zwei Wochen sind vergangen, als wir uns schließlich wieder auf den Weg machen: Auf dem Karakorum Highway geht es in den Norden von Pakistan. Nach fast 20 Jahren Bauzeit wurde diese Straße 1978 fertiggestellt, die zum Teil dem Verlauf der südlichen Route der legendären Seidenstraße folgt. Kontinuierlich schlängelt sich der Highway höher und höher, vorbei an Wäldern, Wiesen und zahllosen Terrassenfeldern, auf denen hauptsächlich Reis und Mais gedeihen. Auffällig viele mit schweren Holzbalken beladene Lastwagen kommen uns

Hunza, ein Garten Eden inmitten der gewaltigen Bergwelt Nord-Pakistans

entgegen. In der Nähe von Chilas besichtigen wir bis zu 2000 Jahre alte Felsgravuren: Darstellungen von buddhistischen Tempeln, Jagd- und Kampfszenen. Hier haben Reisende ihre Botschaften auf den Felsen entlang der Seidenstraße hinterlassen. Durch eine steinige Urlandschaft schlängelt sich der Karakorum Highway, dem Indus-Fluss folgend, weiter nach Norden.
In den Dörfern spielt sich das Leben auf den Basaren ab, die fest in Männerhand sind. Frauen lässt man kaum am öffentlichen Leben teilhaben. Hier laufen die Vorbereitungen für das Id al-Fitr, das dreitägige Fest des Fastenbrechens am Ende des Ramadan, auf Hochtouren. Überall an der Straße werden Kühe und Ziegen geschlachtet und das Fleisch direkt verkauft. Der Fastenmonat Ramadan wird jeweils im neunten Monat des islamischen Jahres abgehalten. Weil sich die islamische Kalender nach dem Mondjahr richtet, sind die Jahre um zehn bis elf Tage kürzer als im christlichen Sonnenjahr. Entsprechend verschiebt sich der Ramadan gegenüber unserer Zeitrechnung jedes Jahr um ein paar Tage. Während dieses Monats ist es gläubigen Muslimen untersagt, zwischen Sonnenauf- und -untergang zu essen, zu trinken, zu rauchen oder anderen irdischen Vergnügungen nachzugehen. Für Muslime gilt der Ramadan als besonders heilige Zeit.
Auch für uns ist es eine besondere Zeit. Tagsüber haben die meisten Restaurants und auch viele Lebensmittelläden geschlossen. Als Nicht-Muslime brauchen wir uns zwar nicht an das tägliche Fasten zu halten, doch aus Respekt vor den Menschen unterlassen wir es trotzdem, tagsüber in der Öffentlichkeit zu essen.

In den Dörfern spielt sich das Leben auf den Basaren ab, die fest in Männerhand sind.

Zur Mittagszeit suchen wir uns ein Plätzchen abseits der Straße und verbarrikadieren uns in unserem Camper, und dies bei Temperaturen um die 40 Grad.
Im Norden Pakistans, wo die drei mächtigen Gebirgszüge Hindukusch, Karakorum und Himalaya aufeinandertreffen, liegt Hunza, ein kleines Paradies, ein Shangri-la. So dürften es auch frühere Reisende empfunden haben, als sie nach wochenlangen Fußmärschen in dieses von Bergriesen umgebene Tal gekommen sind. Derzeit präsentieren sich die Pappeln in einem leuchtend gelben Herbstkleid und Terras-

Auf dem Khunjerab-Pass in 4700 Metern Höhe endet unsere Fahrt auf dem Karakorum Highway an der chinesischen Grenze.

senfelder ziehen sich weit die Hänge hinauf. Lange lebten die Menschen in diesem Tal abgeschieden vom Rest der Welt.
Erst mit dem Bau des Karakorum Highways in den 70er-Jahren des vergangenen Jahrhunderts, wurden sie aus ihrer Isolation herausgerissen.
Landwirtschaft ist in diesem trockenen, auf durchschnittlich 2500 Metern gelegenen Hochgebirgstal nur durch künstliche Bewässerung möglich. Das Schmelzwasser der Gletscher wird durch ein ausgeklügeltes Kanalsystem aus gemauerten Kanälen zu den Feldern geleitet, die Wasserverteilung beruht auf alten, überlieferten Rechten. Die Betreuung der Kanäle und die Verteilung des Wassers mittels Schleusen auf die einzelnen Felder ist Aufgabe des Wassermeisters, der aufgrund dieser wichtigen Funktion hohes Ansehen in der Dorfgemeinschaft genießt.
Hunza ist bekannt für seine Aprikosen, die auf den Dächern der Häuser getrocknet werden. Außerdem gedeihen hier auch Pfirsiche, Pflaumen, Äpfel, Walnüsse sowie verschiedene Getreide- und Gemüsesorten. Für uns der ideale Ort, um unseren Bus wieder einmal ein paar Tage lang abzustellen, die Seele baumeln zu lassen und in der traumhaften Bergkulisse wandern zu gehen.

Ein alter Bedford-Lastwagen als fahrendes Kunstwerk

Unsere Fahrt auf dem Karakorum Highway endet schließlich auf dem 4700 Meter hohen Khunjerab-Pass, an der Grenze zu China. In den Zeiten der Seidenstraße war dies für die aus China kommenden Reisenden ein berüchtigter Übergang: Von hier aus ging es hinab in das Land der Hunzakuts, die hohe Zölle einforderten oder die Karawanen überfielen und ausplünderten. Wir machen die obligatorischen Fotos und begeben uns dann wieder auf die Rückfahrt. Um nicht auf dem gleichen Weg nach Islamabad zurückfahren zu müssen, erkundigen wir uns in Gilgit nach einer Alternativroute, die über Chitral führt. Die Informationen, die wir über diese Route bekommen, könnten aber widersprüchlicher nicht sein. Also machen wir uns auf den Weg, schließlich könnten wir jederzeit umkehren, sollte uns plötzlich ein ungutes Gefühl überkommen oder an einem Kontrollposten die Weiterfahrt verweigert werden. Wir folgen dem Gilgit-Fluss nach Westen, das Laub der Bäume leuchtet golden in der Herbstsonne. Überall sind die Menschen damit beschäftigt, die Mais- und Kartoffelernte einzubringen, andere pflügen den Acker mit

Kühen. Die Menschen sind freundlich, sie winken uns zu. Hinter Phander endet der Asphalt, ein holpriger Schotterweg erwartet uns, und auf der Fahrt zum Shandur-Pass wird die Landschaft zur kargen Steinwüste. Nur entlang der Flussläufe bleibt es grün mit weidenden Yaks.

Wegen seiner Nähe zu Afghanistan gilt Chitral als Krisenherd und Ausländer sind verpflichtet, sich bei ihrer Ankunft bei der Polizei registrieren zu lassen. Da wir aber nur mit Passkopien reisen, weil unsere Original-Pässe zwecks Einholung eines Visums auf der indischen Botschaft in Islamabad liegen, stecken wir plötzlich in Schwierigkeiten. Es bedarf langer Erklärungen, bis wir die notwendige Genehmigung schließlich doch noch bekommen. Immer wieder wurde uns im Vorfeld gesagt, wie gefährlich die Lage in Chitral sei. Doch einmal mehr lehrt uns die Erfahrung das Gegenteil: Hier erleben wir eine unglaubliche Gastfreundschaft, die Menschen sind herzlich und interessiert. Wir werden im Restaurant von Fremden zum Tee und zum Essen eingeladen.

Zurück in Islamabad, fahren wir erneut ins Tourist Camp und treffen alte und neue Reisefreunde. Es gibt ein Wiedersehen mit den Belgiern Nancy und Philip, die zusammen mit ihren drei Hunden schon seit Längerem mit einem Mercedes-Bus den indischen Subkontinent bereisen, die Deutschen Kari und Walter sind mit einem zum Camper umgebauten Lastwagen unterwegs, Rudolf aus Österreich ist mit einem VW-Bus und der Südafrikaner Peter mit einem Land Rover auf Weltreise. Nachdem wir uns bereits im Norden von Pakistan kennengelernt haben, treffen wir in Islamabad auch wieder auf Daniela, eine Rucksackreisende aus der Schweiz, und den deutschen Motorradfahrer Björn. Neu auf dem Zeltplatz eingetroffen sind Ulla und Kari, Schweizer, die sich frühpensionieren haben lassen und nun planen, fünf Jahre lang mit ihrem Campingbus die Welt zu entdecken.

Wir bleiben nochmals für zwei Wochen in Islamabad, tauschen Reisegeschichten aus, philosophieren über Gott und die Welt und merken nicht, wie dabei die Zeit verfliegt. Von den kunstvoll gestalteten pakistanischen Lkws inspiriert, lassen wir in Rawalpindi in einem dieser »Schönheitssalons« für Lastwagen auch für unseren treuen Bus ein kleines Schmuckstück anfertigen und geben unserem verlässlichen Reisegefährten auch gleich den passenden Namen: Betty, abgeleitet von Bedford.

Von heiligen Männern, Kamelen und einem Tempel voller Ratten

Der Kamelmarkt in Pushkar erweist sich als ganz besonderes Spektakel.

An der pakistanisch-indischen Grenze kommt es bei der allabendlichen Grenzschließungszeremonie zu einem theatralischen Kräftemessen beider Länder. Mit der Unabhängigkeit des indischen Subkontinents von der britischen Kolonialherrschaft 1947 wurde das Gebiet in das vorwiegend islamische West- und Ostpakistan sowie das hinduistische Indien aufgeteilt. Die Grenzziehung stellte sich als unlösbare Aufgabe heraus und führt noch heute zu militärischen Auseinandersetzungen zwischen den beiden Ländern, wie der Konflikt in Kaschmir deutlich macht. Auch ansonsten flammen die Rivalitäten zwischen den beiden Ländern von Zeit zu Zeit immer wieder neu auf. Das allabendliche »Grenztheater«, das Hunderte, wenn nicht gar Tausende von Zuschauern anlockt, ist also ein Spiel zwischen Spaß und Ernst.

Wir haben uns auf der pakistanischen Seite unter die Schaulustigen gemischt. Im Stechschritt, mit grimmigen Gesichtern, geschwellter Brust und einer riesigen pakistanischen Flagge schreiten die Grenzsoldaten entlang der Zuschauertribünen auf und ab, während das Publikum lautstark ruft: »Lang lebe Pakistan!« Auf der indischen Seite des Grenzzauns geht es ähnlich her. Schließlich wenden sich die Soldaten dem Grenzzaun zu und zeigen sich gegenseitig die Fäuste. Dann erscheinen die kommandierenden Offiziere, gehen aufeinander zu, schütteln sich durch den Grenzzaun hindurch die Hände und salutieren. Die Flaggen werden langsam eingezogen, gefaltet und ins Wachhaus gebracht. Das Spektakel ist vorbei. Als Zugabe darf man sich nun noch mit einem der groß gewachsenen und in perfekt sitzender Uniform gekleideten Soldaten fotografieren lassen.

Nach ziemlich genau sechs Monaten auf Reisen kommen wir in Indien an. Unser erstes Ziel heißt Amritsar, wo wir den Goldenen Tempel, das religiöse Zentrum der Sikhs, besuchen. Bei uns werden Erinnerungen an die Gruppe Sikhs wach, die wir an unserem ersten Reisetag am Rheinfall getroffen haben. Wir deuteten dieses zufällige Aufeinandertreffen als gutes Omen für unsere Fahrt nach Indien. Und nun hat es sich bewahrheitet: Wir sind gesund und ohne größere Zwischenfälle angekommen.

Der Sikhismus entwickelte sich aus einer hinduistischen Sekte heraus und wurde im 15. Jahrhundert von Guru Nanak gegründet. Diese Religion lehnt das strenge Kastensystem der Hindus ab und lehrt den Glauben an Gleichheit, Frieden und den Kreis der Wiedergeburt. Die vier Eingänge aus vier verschiedenen Himmelsrichtungen, die in die Tempelanlage führen, symbolisieren die Offenheit der Sikhs gegenüber allen Menschen und Religionen. Im Innern führt ein breiter Marmorgang rund um den heiligen See, das sogenannte Nektarbecken. Mitten auf diesem See steht der eigentliche Goldene Tempel, der nur über einen Steg zu erreichen ist. Die Kuppel dieses zweistöckigen Gebäudes ist angeblich mit 750 Kilogramm puren Goldes verkleidet. Hier wird auch das Guru Granth Sahib, das heilige Buch der Sikhs, aufbewahrt. Tagsüber singen Priester fortwährend Verse

Nach ziemlich genau sechs Monaten auf Reisen kommen wir in Indien an.

Der Goldene Tempel von Amritsar ist das religiöse Zentrum der Sikhs.

aus diesem Buch, was über Lautsprecher in der gesamten Tempelanlage zu hören ist und eine Atmosphäre der Ruhe und Besinnlichkeit verbreitet. Typisches äußerliches Erkennungsmerkmal eines Sikhs ist das auf dem Kopf zu einem Knoten gebundene lange Haupt- und Barthaar, das mit einem Turban bedeckt ist. Ihr Haar dürfen Sikhs nie schneiden, gilt dieses doch als Quelle der Lebensenergie.

Faszinierend ist es, einen Blick hinter die Kulissen des Goldenen Tempels zu werfen, und zwar in die Küche, wo täglich bis zu 20000 Essen für die Pilger zubereitet werden. In riesigen Töpfen werden Linsen und Reis über offenen Gasfeuern gekocht und am laufenden Band Chapatis, kleine Fladenbrote, produziert. Serviert werden die Mahlzeiten in hallenartigen Speisesälen. Die Pilger setzen sich in langen Reihen im Schneidersitz auf den Boden, vor sich einen Blechteller und eine Tasse. Aus Kesseln heraus bekommt jeder Reis mit Curry und Chapatis auf seinen Teller geschöpft und beginnt sogleich mit dem Essen. Es gilt, keine Zeit zu verlieren, denn vor der Tür warten bereits die Nächsten. Wer fertig ist, nimmt sein dreckiges Geschirr mit und gibt es draußen bei den Geschirrwäschern ab. Bevor schließlich die nächsten 100 hungrigen Mäuler in den Saal gelassen werden, wird dieser von den Speiseresten gereinigt, was an das Ausmisten eines Schweinestalls erinnert.

Das Essen wie auch die Unterkunft im Tempel sind für die Pilger und Besucher kostenlos. Finanziert wird das Ganze

In riesigen Pfannen werden für die Pilger Linsen und Reis gekocht.

über Spenden und beim Personal handelt es sich vorwiegend um freiwillige Helfer, die unentgeltlich arbeiten.
Die Fahrt führt uns weiter durch Rajasthan, den Wüstenstaat im Nordwesten Indiens. In Deshnok besuchen wir einen ganz besonderen Tempel: den Karni-Mata- oder auch Rattentempel, wo um die 20000 Ratten hausen sollen. Karni Mata ist die Schutzgöttin der hier lebenden Volksgruppe der Rajputen. Einer Legende nach bat Karni Mata den Totengott Yama darum, den Sohn eines trauernden Geschichtenerzählers wieder zum Leben zu erwecken. Als Yama sich weigerte, sorgte Karni Mata dafür, dass alle toten Geschichtenerzähler als Ratten wiedergeboren wurden und brachte Yama so um menschliche Seelen.
Wie in allen hinduistischen Tempeln müssen wir auch hier die Schuhe vor dem Eingang ausziehen. Es ist ein komisches Gefühl, barfuß in diese Welt der Ratten einzutreten. Und wirklich: Kaum haben wir den Tempel betreten, sind wir von den pelzigen, langschwänzigen Nagern umschwärmt. Wir müssen aufpassen, nicht plötzlich auf eines der Tiere zu treten, denn kreuz und quer huschen sie an unseren Füßen vorbei oder darüber hinweg. Wir beten, dass sie uns vom Leibe bleiben mögen, auch wenn ihre Nähe Glück bringen soll. Dieses ist angeblich auch denen vergönnt, die mit den Ratten den Fressnapf teilen, denn mit Rattenspucke versetzte Speisen sollen gut für die Gesundheit sein. Wir aber suchen unser Glück anderswo, halten Ausschau nach einer der seltenen weißen

Ratten im Karni-Mata Tempel, Indien

Ratten und dürfen uns begünstigt fühlen, da sich unsere Wege mehrmals mit einem dieser begehrten Tiere kreuzen. Den Ratten fehlt es hier an nichts. Sie werden von den gläubigen Hindus verehrt und mit Speisen und Getränken in silbernen Schalen verwöhnt.

Auf der Weiterfahrt wird die Landschaft immer mehr zur Wüste. Die Straßen wirken für indische Verhältnisse wie ausgestorben. Wir steuern dem kleinen Pilgerort Pushkar entgegen, der inmitten der Wüste an einem kleinen See liegt. Wenn die größte Sommerhitze vorüber und die Ernte eingebracht ist, beginnt für die Bewohner Rajasthans die Zeit der Muße und der Feste. Im achten Monat des Hindukalenders machen sich viele auf den oft tagelangen Weg nach Pushkar zum alljährlich stattfindenden Kamelmarkt und Pilgerfest, der sogenannten Pushkar Mela. In dieser Zeit erwacht der sonst so verschlafene Pilgerort aus seinem Dornröschenschlaf.

Die Wüste vor den Toren der Stadt wird zu einem riesigen Markt- und Lagerplatz mit bis zu 30000 Kamelen, Pferden und Kühen. Überall steigt der Rauch unzähliger kleiner Lagerfeuer auf, es wird gefeilscht, gestikuliert und geplaudert. Hier präsentiert sich Rajasthan in all seiner Vielfalt und all seinen Farben. Nebst Verkaufsständen mit Dingen des täglichen Bedarfs gibt es auch alles, was zu einem Volksfest dazugehört: Schausteller, Gaukler und Musikanten, Schlangenbeschwörer und Zuckerwatteverkäufer, Riesenräder und von Hand betriebene Karussells.

In der zweiten Wochenhälfte verlagert sich das Geschehen mehr und mehr in die engen Gassen rund um den heiligen Pushkar-See. Die Mela ist nämlich auch die Zeit, in der angeblich die Götter Pushkar besuchen und es gilt als besonders segensreich, ein Bad im heiligen See zu nehmen, um sich von allen Sünden zu reinigen. Vorbei an Bettlern, Kühen und heiligen Männern ziehen Hunderttausende von Pilgern in einem nicht enden wollenden Strom zu den Tempeln und Badeghats, die rund um den See angelegt wurden, damit die Menschen ihre religiösen Rituale und Zeremonien praktizieren können.

Hochzeit in Rajasthan

Rajasthan – allein schon der Name weckt in uns Träume aus Tausendundeiner Nacht. Wir denken an ein verzaubertes Land im fernen Orient mit Prinzen, Karawanen und Wüsten-

Lebensfreude trotz schwieriger Lebensumstände (oben links)

Es wird gestikuliert und argumentiert: Kamelmarkt in Pushkar (oben rechts)

Sadhus sind heilige Männer des Hinduismus (rechts).

Ein Sadhu im kleinen Pilgerort Pushkar (ganz rechts)

Ganja rauchen ist in Indien weit verbreitet (unten rechts).

palästen. Noch bis zum Ende der britischen Kolonialzeit war dieser Wüstenstaat, dessen Fläche etwa der von Deutschland entspricht, in 23 teilautonome Fürstenstaaten aufgeteilt und wurde von lokalen Fürsten, den Maharadschas, regiert. Jodhpur ist das Tor zur Wüste Thar und die zweitgrößte Stadt Rajasthans. Fast fünf Jahrhunderte lang war Jodhpur die Hauptstadt des Königreichs Marwar. Damals lag der Ort an einer belebten Handelsroute und wurde mit dem Umschlag von Datteln, Opium, Sandelholz und Kupfer reich. Die überwiegend blaue Farbe der Häuser hat dem Ort den Beinamen »die Blaue Stadt« eingetragen. Blau kennzeichnete früher die Zugehörigkeit der Bewohner zur Kaste der Brahmanen, der Priester.

Auf einem Hügel hoch über der Stadt thront das aus rotem Sandstein erbaute Mehrangarh Fort, eine Festung aus dem 15. Jahrhundert, die unter dem Fürsten Rao Jodha erbaut wurde. Je mehr wir uns dem Fort nähern, umso monumentaler erscheint uns dieses Bauwerk. Seine Mauern scheinen geradezu in die Höhe zu wachsen. Über einen steilen Aufstieg und sieben Tore gelangen wir in die eigentliche Festungsanlage hinein. Jedes Tor hat seinen Namen und eine damit verbundene Geschichte. Neben dem Loha Pol, dem letzten Tor, entdecken wir viele kleine Handabdrücke. Sie stammen von den sechs Witwen des Maharadschas Man Singh, die im Jahr 1843 in den damals üblichen Verbrennungstod, den Sati, gingen. Auf ihrem letzten Weg durch die Stadt verschenkten die Frauen all ihr Hab und Gut an die Armen und Bedürftigen und warfen sich schließlich bei der Verbrennung des Leichnams mit auf den Scheiterhaufen. Obwohl bereits 1829 von der britischen Kolonialregierung verboten, kam es in Jodhpur noch bis 1953 zu Witwenverbrennungen. Innerhalb des Forts, das noch immer dem Maharadscha von Jodhpur gehört, gibt es eine Reihe von Palästen und Innenhöfen. Per Audiotour lassen wir uns in die Welt der Maharadschas entführen und bekommen dabei einen Einblick in den prunkvollen Lebensstil der Herrscherfamilien.

Eine Hochzeit in Rajasthan – da werden unsere kühnsten Erwartungen geweckt.

In Bundi werden wir spontan zu einer indischen Hochzeit eingeladen. Eine Hochzeit in Rajasthan – da werden unsere kühnsten Erwartungen geweckt. Wir sehen uns bereits

Indische Frauen in ihren knalligen Saris bringen Farbe in den Alltag.

unter sternenklarem Nachthimmel im riesigen Garten eines Maharadscha-Palastes an einem fürstlich gedeckten Tisch sitzen, umgeben von Prinzen und Prinzessinnen und bei den sanften Klängen einer Ravanahahta – eines indischen Streichinstruments. Doch als wir am Ort der Hochzeit eintreffen, dröhnt ohrenbetäubender Technosound aus dem Festzelt. Die Ankunft des Bräutigams hoch oben auf dem Rücken eines Elefanten haben wir verpasst. In einem reich bestickten, mit rubinroten Glasperlen behängten langen Kragenrock, engen Hosen und einem golden glänzenden Turban sitzt er einsam auf einem Podest auf der Bühne und wartet geduldig auf das Eintreffen der Braut. Das Brautpaar hat sich bis heute kaum gesehen, kennt sich also praktisch gar nicht. Arrangiert wurde die Hochzeit, wie im Hinduismus üblich, von den Eltern der Brautleute. Dann wird die Braut in einem purpurroten Sari hereingeführt. Nach formeller Begrüßung folgen die obligatorischen Fotos. Einige Gäste wollen sich in allen möglichen Gruppenzusammensetzungen mit dem Brautpaar ablichten lassen, andere stürmen das Buffet oder lassen sich von der Musik des DJs zum Tanzen animieren.

Für die Trauungszeremonie begeben sich das Brautpaar und ein Teil der Gäste in einen Nebenraum. Hier wurde ein Tempel eingerichtet. Es folgt ein stundenlanges Ritual, begleitet von religiösen Hymnen. Außer dem Brahmanen scheint keiner

Fototermin mit dem Brautpaar auf einer Hochzeit in Bundi, Rajasthan, Indien

den Ablauf dieser Zeremonie zu kennen oder sich dafür zu interessieren. Einzig das Brautpaar und die Eltern der Braut folgen ergeben den Anweisungen des Priesters. Heiliges Wasser wird ins Feuer gesprengt, das Brautpaar mit Blüten und Reiskörnern überschüttet und mit Kokosnüssen beschenkt, die mit Geldscheinen umwickelt sind. Zum Abschluss streicht der Bräutigam seiner Ehefrau rotes Zinnoberpulver auf den Mittelscheitel. Nachdem die frisch Vermählten ihre Geschenke erhalten haben, gilt die Hochzeitsfeier als beendet. Wir können endlich schlafen gehen und das Brautpaar kommt zu seinem wohlverdienten Essen.

Wir möchten unbedingt einmal einen Tiger in freier Wildbahn beobachten und fahren deshalb zum Ranthambore National Park. Früher war dies ein wichtiges Jagdgebiet des Maharadschas von Jaipur, heute sind es die Touristen, die hier mit ihren Kameras auf die Pirsch gehen. In Madhopur buchen auch wir eine Tour im offenen Geländewagen. Als wir in den frühen Morgenstunden losfahren, ist es erstaunlich kühl. Auf holprigen Pisten, die durch eine trockene Waldlandschaft führen, machen wir uns auf die Suche nach der gestreiften Großkatze. Vereinzelt sehen wir ein paar Hirsche und verschiedene Vogelarten, von Tigern gibt es jedoch weit und breit keine

Spur. Enttäuschung macht sich breit, auch zumal die Landschaft in diesem Nationalpark nicht sehr viel hergibt.
Auf der Weiterfahrt steuern wir Agra an, einen Ort südlich der Hauptstadt Delhi. Hier steht das wohl berühmteste Baudenkmal Indiens: der Taj Mahal. Entsprechend treffen wir auf Massen ausländischer Touristen. Kämpften wir uns noch eben durch das hektische Verkehrschaos, so zerren nun aufdringliche Rikschafahrer, Souvenirhändler und selbsternannte Touristenführer an unseren Nerven.
Der Taj Mahal ist eine Grabmoschee aus weißem Marmor, die der Großmogul Shah Jahan im 17. Jahrhundert für seine Hauptfrau Mumtaz Mahal hat erbauen lassen, nachdem diese bei der Geburt ihres 14. Kindes gestorben war. 20000 Personen sollen am Bau beteiligt gewesen sein. Schenkt man der Legende Glauben, dann wurde nach Vollendung des Bauwerks allen beteiligten Handwerkern eine Hand abgehackt, um zu verhindern, dass anderswo ein ebenso schönes Bauwerk entstehen konnte. In einem Umkreis von 500 Metern um den Taj Mahal sind alle Arten von Motorfahrzeugen verboten, weil die Luftverschmutzung und der damit verbundene saure Regen dem Gebäude stark zusetzen. Ob diese Maßnahme etwas bewirkt, möchte ich persönlich stark bezweifeln, vor allem wenn man sieht, was für eine Luft außerhalb dieser Sperrzone herrscht. Vielleicht ist diese Sichtweise aber auch nur eine Frage der Logik, und die kann zwischen einem Inder und einem Europäer ziemlich unterschiedlich ausfallen.

Wir möchten unbedingt einmal einen Tiger in freier Wildbahn beobachten.

Früh am nächsten Morgen haben wir uns am Eingang zum Taj Mahal eingefunden. Noch hält sich der Touristenandrang in Grenzen und im morgendlichen Licht bietet das Gebäude ein schon fast kitschiges Bild. Unser Rundgang führt uns vom Südtor über einen parkähnlichen Garten an einem langen Wasserbecken vorbei, bis schließlich der Taj Mahal unmittelbar vor uns steht: weißer Marmor, verziert mit wunderschönen Einlegearbeiten und Edelsteinen, umspielt von den warmen Farben der Sonnenstrahlen des noch jungen Tages ...
Indische Straßen sind laut, chaotisch und überfüllt. Lastwagen, Pferdefuhrwerke und Busse, Motorräder, Rikschas und Fahrräder, Fußgänger, Kühe und Wasserbüffel – sie alle geben sich hier ein Stelldichein. Es herrscht ein ständiges

Kräftemessen, ein Kampf um Raum und Recht, obwohl die Regeln klar sind: Dem Stärkeren gebührt der Vortritt. Manchmal ist es für uns schlicht unmöglich, die indische Denkweise, sei es im Straßenverkehr oder sonstwo, nachzuvollziehen. Wie ist es zu erklären, dass sich der Verkehr auf einer zweispurigen Straße vor einer geschlossenen Bahnschranke auf beiden Seiten der Barriere über die gesamte Straßenbreite aufreiht? Wenn die Schranke dann wieder hochgezogen wird, geht erst einmal gar nichts, weil sich alle gegenseitig blockieren.

Taj Mahal, ein Denkmal der Liebe in Agra, Indien

Unangenehm wird es für uns, wenn wir auf einer stark befahrenen Straße einen Zwischenstopp einlegen und dafür unsere Betty am seitlichen Randstreifen abstellen. Sofort sind wir von Schaulustigen umlagert. Ob Fußgänger, Fahrrad- oder Autofahrer – alle bleiben einfach auf der Straße stehen, um uns mit kindlicher Neugierde anzustarren. Sie scheinen mit ihrer ganzen Aufmerksamkeit nur noch auf uns fixiert zu sein und den Verkehr, der nach und nach zum Erliegen kommt, gar nicht mehr wahrzunehmen. Es dauert immer eine Weile, bis einer aus ihren Reihen es wagt, uns anzusprechen und zu fragen, woher wir kommen, wohin wir wollen und was der Grund unserer Reise ist. Wir sind in diesen Situationen immer etwas angespannt, weil wir fürchten, dass ein unvorsichtiger Lastwagenfahrer in die Gruppe Schaulustiger hineinfahren könnte.

Die Zuckerrohrernte scheint ihren Höhepunkt erreicht zu haben. Überall sehen wir mit Zuckerrohr beladene Lastwagen, Traktorenfuhrwerke und Ochsengespanne. Entlang der Straßen und in den Dörfern wird frisch gepresster Zuckerrohrsaft zum Verkauf angeboten. Die Kinder nutzen die Gunst der Stunde. Für sie ist es ein Leichtes, von hinten an die gemächlich dahintrottenden Ochsengespanne heranzukommen und, unbeeindruckt von den Drohgebärden des Fuhrmanns, der weit oben auf seiner Ladung Zuckerrohr sitzt, einen der süßen Stängel zu stibitzen. Unaufhaltsam führt die Straße immer weiter in die Höhe. Die Temperaturen werden angenehm kühler und bald eröffnen sich die ersten Ausblicke auf die schneebedeckten Berggipfel des Himalaya.

Indischer Alltag: Baumwolltransport mit Ochsengespann

Die Stupa von Bodnath, das Zentrum des tibetischen Lamaismus in Nepal

Trekking in der Bergwelt des Himalaya

Bei Banbasa passieren wir die Grenze nach Nepal. Unser erster Eindruck von diesem Land am Rande des Himalaya mag vielleicht täuschen, doch uns erscheint hier alles ein wenig ruhiger und beschaulicher als in Indien. Die Straßen sind ungewohnt leer, man sieht nur einige wenige Lastwagen, Motorräder und viele Fahrräder. Es wird kaum gehupt, die Menschen wirken viel zurückhaltender und drängen sich uns in keiner Weise auf.

In Lumbini besuchen wir die Geburtsstätte Buddhas. Viel faszinierender als der Ort selbst ist die Vorstellung, dass hier im Jahr 563 v. Chr. Siddhartha Gautama geboren wurde. An Buddhas Geburtsort steht heute der schlichte Maya-Devi-Tempel und im Wasserbecken daneben soll seine Mutter Maya Devi noch kurz vor der Geburt gebadet haben. Im Innern des Tempels, durch schusssicheres Glas geschützt, kennzeichnet ein Stein die genaue Geburtsstätte.

Wieder draußen, spazieren wir durch den Garten rund um den Tempel. Überall hängen Gebetsfahnen und unter uralten, weit ausladenden Bäumen sitzen Mönche mit gekreuzten Beinen beim Meditieren. Nicht nach unserem Geschmack sind die buddhistischen Tempel, die in einem weitläufigen Areal nördlich des Maya-Devi-Tempels stehen: Prestigeobjekte aus den unterschiedlichsten Ländern, einer mächtiger und prunkvoller als der andere.

Buddhistische Mönche in Lumbini, der Geburtsstätte Buddhas

In Pokhara stellen wir unseren Bus im Garten eines Hotels ab und besorgen uns eine Trekking-Bewilligung für den Annapurna Circuit. Bei ausländischen Touristen ist diese Tour sehr beliebt und während der Hauptsaison entsprechend frequentiert. Jetzt in der Nebensaison können wir aber damit rechnen, dass nur wenige Touristen unterwegs sind. In den kleinen Bergdörfern, die an dieser Wanderroute liegen, gibt es zahlreiche Lodges, die auf die Verpflegung und Unterbringung der Wanderer ausgerichtet sind, sodass wir nur ein paar persönliche Sachen benötigen.

In halsbrecherischer Fahrt bringt uns ein Bus von Pokhara nach Besisahar, den Ausgangspunkt unserer dreiwöchigen Rundwanderung durch die Bergwelt des Himalaya. Die Wanderroute führt uns von 800 Metern bis auf den 5416 Meter

Schwerstarbeit: Holz zum Kochen und Heizen muss meist über lange Distanzen herangetragen werden.

hohen Thorong-Pass. Entsprechend vielfältig präsentiert sich die Landschaft. Überwogen anfänglich noch Zitrusfrucht- und Apfelgärten sowie terrassierte Reis- und Getreidefelder, so gibt es nun immer mehr bewaldete Hügel. Der Weg ist ein ständiges Auf und Ab und doch bringt er uns kontinuierlich höher. Immer wieder begegnen wir schwer bepackten Sherpas und Maultierkarawanen, die die abgelegenen Bergdörfer mit Waren versorgen. Wenn wir unterwegs in einem Restaurant einen Tee trinken wollen, landen wir meistens direkt im Wohnzimmer der Menschen, und beim Abendessen in der Lodge sitzen wir mit unseren Gastgebern gemeinsam ums Feuer, den einzigen warmen Ort im ganzen Haus.
Mit jedem Tag wird die Umgebung trockener. Wir wandern durch karge Hochtäler, vorbei an weidenden Yaks und Ziegen-

Unterwegs in der Bergwelt
des Himalaya, Nepal

herden. Steinhäuser mit flachen Dächern und die im Wind wehenden Gebetsfahnen erinnern uns immer stärker an Tibet. Auch in den Gesichtern der Menschen spiegelt sich mehr und mehr der tibetische Einfluss. Mit zunehmender Höhe fällt uns das Atmen in der dünner werdenden Luft immer schwerer, von Tag zu Tag wird es kälter. So kommt es, dass wir eines Morgens unsere Zahnbürsten eingefroren vorfinden und das Wasser im Dorf nur in Form von Eis erhältlich ist. Doch kaum hat sich die Sonne über den Horizont geschoben, ist die Kälte schnell wieder vergessen.

Diese politischen Machtspiele einiger weniger gehen jedoch auf Kosten der ganzen Bevölkerung.

Weihnachten feiern wir in 4000 Metern Höhe, weitab jeglicher Zivilisation und mit eiskalten Füßen, weil der Ofen nur Rauch hervorbringt. Auf den Weihnachtsbaum aber müssen wir nicht verzichten. Diesen haben die Träger einer französischen Trekkinggruppe hochgebracht und faschingsmäßig geschmückt.

Am nächsten Morgen steht uns der letzte Aufstieg zum 5416 Meter hohen Thorong-Pass bevor. Das Bergpanorama auf der Passhöhe können wir allerdings nicht genießen, weil unsere Finger und Füße drohen abzufrieren. Um der eisigen Kälte möglichst schnell zu entfliehen, ziehen wir weiter in Richtung Muktinath.

Ab Ekle Bhatti folgen wir dem Kali-Gandaki-Fluss bis Tatopani und nehmen von dort aus den Aufstieg zum Poon Hill in Angriff. Der uns hier gebotene Ausblick auf die Eisriesen ist der krönende Abschluss unserer Trekkingtour durch den Himalaya.

Langsam haben wir genug von den ewigen Streiks in Nepal. Fast täglich kommt es zu Protesten, sind die Läden für ein paar Stunden geschlossen, werden Straßen blockiert und Demonstrationen abgehalten. Kurz vor Kathmandu kommt der Verkehr einmal mehr zum Erliegen. Man erzählt uns, dass weiter vorn eine Gruppe Maoisten eine Straßensperre errichtet habe. Nach etwa einer Stunde fängt der Verkehr plötzlich wieder an zu rollen. Mit diesen Streikaktionen soll die Wirtschaft und somit die Regierung geschwächt werden. Diese politischen Machtspiele einiger weniger gehen jedoch auf Kosten der ganzen Bevölkerung.

Kinder müssen früh mit anpacken.

Als wir schließlich Kathmandu erreichen, finden wir einen Ort vor, den wir uns ganz anders vorgestellt haben. Diese Stadt am Rande des Himalaya präsentiert sich uns laut und dreckig. Wie auf den indischen Straßen findet auch hier ein permanentes Hupkonzert statt, das mit der Morgendämmerung anfängt und bis in die späte Nacht hinein andauert. Ohne erkennbare Regeln drängeln und schieben sich Rikschas, Autos, Fußgänger und Minibusse durch die überfüllten Gassen und Straßen, vorbei an kleinen Gebetsstätten hinduistischer Gottheiten und alten Tempeln, die langsam vor sich hin bröckeln. Unbeirrt von all dem Chaos und Lärm haben sich mittendrin die heiligen Kühe wie Verkehrsinseln zum Ruhen niedergelassen. Sie scheinen sich ihrer Sonderstellung voll bewusst zu sein. Ebenso wenig scheinen sich die Menschen am Abfall zu stören, der sich überall in der Stadt zu Haufen türmt. Der heilige Fluss Bagmati, der die Stadt einst mit sauberem Trinkwasser versorgt hat, ist längst zu einer stinkenden Kloake verkommen. Er ist nicht mehr als ein schwarzes Rinnsal und das Ufer ist übersät mit Abfall und Dreck. Eine funktionierende Abfallentsorgung gibt es in Nepal nicht. Kühe durchstöbern

die Müllberge in den Straßen nach verwertbarem Futter, der Rest löst sich in den frühen Morgenstunden in Form von zahllosen Scheiterhaufen in Rauch auf. Dies wiederum trägt dazu bei, dass Kathmandu unter einer chronischen Luftverschmutzung leidet. Vor allem in der kalten Jahreszeit und unter Hochdruckeinfluss bleiben sämtliche Abgase und Rußpartikel vom Verkehr und den Heizungen über dem kesselartigen Tal liegen.

Wenngleich unser erster Eindruck von dieser Stadt eher düster ist, lernen wir bei genauerer Betrachtung ein faszinierendes und spirituelles Kathmandu kennen. Wenn wir den lauten und chaotischen Verkehr ausblenden und über den Abfall und Dreck hinwegsehen, treffen wir am Durbar Square mit seinen wunderschönen alten Tempeln und dem einstigen Wohnpalast des Königs auf eine Welt, die vor hundert Jahren nicht viel anders gewesen sein mag. Hier pocht das Herz von Kathmandu. Wir sitzen oben auf einer der zahlreichen alten Tempeltreppen und lassen das Treiben in den Straßen auf uns wirken. Eine erstaunliche Ruhe und Gelassenheit verbreitet

Zentrum der Altstadt von Kathmandu, noch bevor ein schweres Erdbeben die Region erschütterte

sich um uns herum. Geduldig warten Händler und Rikschafahrer auf Kundschaft, Lastenträger mit riesigen Warenbündeln ziehen zielstrebig durch das ameisenartige Wirrwarr aus Menschen. Die großartige Kulisse der alten Tempel mit ihren kunstvoll verzierten Fassaden und die Allgegenwart hinduistischer Gottheiten, die hier den Rhythmus des Alltags bestimmen, sind es, die in uns diese Gemütsruhe auslösen und uns die Spiritualität Kathmandus spüren lassen.

Westlich der Stadt besuchen wir den Swayambhunath, der wegen seiner vielen Affen auch Affen-Tempel genannt wird. Dieser Tempelkomplex, der oben auf einem Hügel steht, ist über 365 schweißtreibende Treppenstufen zu erreichen. Dafür können wir von hier aus das ganze Kathmandu-Tal überblicken und uns über die vorwitzigen und frechen Affen amüsieren, die sämtliche essbaren Opfergaben aus den Tempeln stibitzen. Überall brennen Butterlampen und werden Gebetsmühlen gedreht. Im Zentrum der Anlage steht ein riesiger Stupa mit den großen leuchtenden Augen Buddhas und zahllosen im Wind flatternden Gebetsfahnen. Hier treffen wir vor allem auf tibetische Pilger und zu unserem Leidwesen auch auf viele Souvenirverkaufsstände, die ganz und gar nicht in dieses Bild passen wollen.

Tags darauf besuchen wir den Stupa von Bodnath, das Zentrum des tibetischen Lamaismus, auf der östlichen Seite der Stadt. Dort schließen wir uns den Pilgern auf ihrer Kora an – der rituellen Umrundung des riesigen weißen Stupa.

Als wir schließlich Kathmandu in Richtung Naubise verlassen, können wir nicht ahnen, dass in nur wenigen Jahren ein gewaltiges Erbeben die gesamte Himalayaregion erschüttern wird. Tausende von Toten werden zu beklagen sein, ganze Dörfer und zahlreiche der jahrhundertealten Tempel zerstört werden. Nepal wird nach dieser verheerenden Naturkatastrophe kaum wiederzuerkennen sein.

Unsere Betty müht sich auf einer schmalen Bergstraße über die Mahabharat-Berge, schlängelt sich vorbei an Terrassenfeldern und bewaldeten Hügeln, während sich im Norden hinter einem Dunstschleier schwach die Achttausender des Himalaya abzeichnen. In Hetauda kehren wir schließlich zurück ins Terai, das dem Himalaya vorgelagerte Tiefland, und machen, bevor wir wieder nach Indien zurückkehren, einen Abstecher nach Sauraha, in den Chitwan National Park. Ab Mitte des 19. Jahrhunderts war das Gebiet des heutigen

Nationalparks mit seinen bengalischen Tigern, Nashörnern und Leoparden ein beliebtes Jagdrevier von Nepals Königen. Mit der Gründung des Nationalparks im Jahr 1973 sollte eine kleine verbleibende Population von Nashörnern vor der Ausrottung gerettet werden. Sind unsere Hoffnungen, einmal einen Tiger in freier Wildbahn beobachten zu können, in Indien nicht erfüllt worden, so hoffen wir nun im Chitwan das Glück auf unserer Seite zu haben. In Begleitung eines Führers machen wir uns zu Fuß auf die Suche nach dem König des Dschungels. Viel bekommen wir dabei aber nicht zu Gesicht, schon deshalb, weil das hier überall wachsende Elefantengras weit über unsere Köpfe ragt. Auch auf einer Jeeptour am Nachmittag haben wir keinen Erfolg. Dafür genießen wir den Dschungel und einmal läuft uns sogar ein Nashorn über den Weg.

In Sauraha lassen wir es uns natürlich nicht nehmen, beim täglichen Bad der Elefanten im Rapti-Fluss dabei zu sein. Außerdem besuchen wir die Elefantenaufzuchtstation, wo wir ein junges Zwillingspaar der Dickhäuter bestaunen können.

Elefantenbad im Fluss Rapti, Nepal

Hindus beim Bad im heiligen Ganges in Varanasi, Indien

Die indische Seele und das vollkommene Glück

Über Sonauli kehren wir nach Indien zurück und sofort nehmen uns das Chaos und die Magie dieses Landes wieder gefangen. Es zieht uns nach Varanasi an den Ganges, für Hindus der heiligste Ort auf Erden. Hier bietet sich ihnen die Möglichkeit, aus dem kontinuierlichen Kreislauf von Tod und Wiedergeburt auszusteigen, denn wer in Varanasi stirbt, heißt es, der erlangt Moksha, die Befreiung. Die Hindus glauben, dass die unsterbliche Seele des Menschen nach seinem Tod in einen neuen Körper hineingeboren wird. Ob als Tier, Mensch oder Gottheit, das hängt von seinem Karma ab, den guten und schlechten Taten, die er in seinen vergangenen Leben gesammelt hat. Den Kreislauf der Wiedergeburt sehen die Hindus als etwas Negatives, eine Art Gefängnis. Moksha hingegen bedeutet für sie die endgültige Erlösung, denn die Seele wandert ins Paradies.

Varanasi, Pilgerstätte am Ganges, Indien

प्रयाग घाट
PRAYAG GHAT
महारानी पुटिया स्टेट
प्रयाग घाट - PRAYAG GH

Heute Morgen sind wir früh aus unseren Schlafsäcken gekrochen und haben uns in der Dunkelheit von einer Fahrradrikscha an den Ganges chauffieren lassen. Der neue Tag kündigt sich mit einem schwachen Lichtstreifen am Horizont langsam an. Doch an den Ghats, kilometerlangen Stufen, die direkt zum trüben Wasser des Ganges hinunterführen, herrscht bereits emsiges Treiben. Wir lassen uns von diesem Menschenstrom mitnehmen. In Reihen hocken die Bettler am Weg und hoffen auf ein Almosen.
Unten am Fluss suchen wir uns einen Platz, von dem aus wir das Geschehen beobachten können. Bis zu 60 000 Menschen kommen täglich zu den Ghats, um ein kurzes Bad zu nehmen und ihren Körper und ihre Seele reinzuwaschen. Auch ist es für einen Pilger ein Muss, einen Schluck vom heiligen Wasser zu trinken. Dass allein auf den sieben Kilometern, über die sich die Ghats erstrecken, nicht weniger als 30 Abwasserkanäle in den Fluss münden, sagt wohl genug über die Wasserqualität und die damit in Verbindung gebrachte heilende Wirkung aus. Die Gläubigen opfern der Mutter Ganga Blumen, brennende

Der Mutter Ganga werden Blumen und brennende Kerzen geopfert.

Am Burning Ghat werden Tote auf dem Scheiterhaufen verbrannt.

Kerzen und Münzen und befragen Wahrsager. Andere lassen sich von einem Brahmanen segnen, den Kopf kahl rasieren, die Ohren putzen oder sie waschen ihre Kleider im Fluss. Die Szenerie ist erfüllt von Gesängen und Glockengeläut.
Ein ganz besonderer Ort sind die Burning Ghats. Hier werden die Toten auf Scheiterhaufen verbrannt. Überall lodern Feuer und es riecht nach verbranntem Fleisch. Es ist ein sonderbarer Anblick, den »Feuermännern« dabei zuzusehen, wie sie mit der Selbstverständlichkeit alltäglicher Routine halb verkohlte Leichenteile mit Holzstangen zurück in die Flammen bugsieren. Gleich daneben sind andere damit beschäftigt, Zahngold und kostbare Schmuckstücke aus der Asche herauszuwaschen. Erst dann wird die Asche dem Ganges übergeben und der Tote findet seine wohlverdiente Ruhe.
Varanasi ist ein Ort voller Spiritualität, wo Leben und Tod allgegenwärtig sind und zu einer Einheit verschmelzen. Hier befindet man sich mittendrin im pulsierenden Herzen Indiens. Eine Tagesreise südlich von Varanasi liegt Khajuraho, bekannt

für seine gut erhaltenen Tempel aus der Zeit der Chandella-Dynastie, eines um 1000 n. Chr. regierenden Rajputen-Klans. Damals war Khajuraho nicht nur Hauptstadt, sondern auch ein wichtiges Pilgerzentrum. Mit dem Zerfall des Fürstenreichs gerieten auch die Tempel schnell in Vergessenheit. Von dichtem Dschungel überwuchert, wurden sie im 19. Jahrhundert von den Briten wiederentdeckt und restauriert. Heute vermitteln sie dem Besucher einen Einblick in die indische Baukunst von damals. Berühmt sind die Tempel vor allem wegen ihrer erotischen Darstellungen, aber auch wegen ihrer bis ins Detail genauen Szenen aus dem Alltag sowie Abbildungen von Göttern und Fabeltieren.

Über Jabalpur und Nagpur führt uns unsere Reise weiter in den Süden, nach Hyderabad und Hampi. Die Landschaft wird mit jedem Tag grüner, es gibt Reis- und Baumwollfelder.

In Goa sehen wir zum ersten Mal auf unserer Reise das Meer und bleiben für ein paar Tage in Agonda hängen, ein Geheimtipp unter Fernreisenden. Hier können wir unseren Bus direkt an einem fast menschenleeren Sandstrand unter Palmen parken und uns in der Hängematte von den Strapa-

Der Strand von Agonda gilt als Geheimtipp unter Fernreisenden.

Erholen und Faulenzen unter Palmen am Strand von Agonda

zen der Reise erholen. Ein ideales Plätzchen, um wieder mal auszuspannen, ein Buch zu lesen, im Meer zu baden oder mit Gleichgesinnten über Gott und die Welt zu diskutieren. Jetzt, wo es in Indien mit jedem Tag heißer wird, ist die kühle Brise, die vom Meer her weht, eine richtige Wohltat. Wir genießen die Spaziergänge am Meer. Am Ende des Strandes gibt es einen riesigen Steinhügel, von wo aus wir die ganze Bucht überblicken und Delfine beobachten können, die fast täglich zum Spielen hierherkommen. Selten konnten wir in Indien so ungestört draußen sitzen, ohne ständig von irgendwelchen Leuten belagert zu werden.

Wenn wir abends unter den Palmen sitzen und den Sternenhimmel über uns betrachten, mit dem steten Rauschen der Brandung im Ohr, umfängt uns ein Gefühl vollkommenen Glücks. Zu schade, dass unser Indien-Visum bald ausläuft. Hier könnten wir es gut noch ein paar Tage oder auch Wochen länger aushalten. An Wochenenden ist dieser idyllische Platz allerdings nicht wiederzuerkennen. Dann wird er von einheimischen Touristen heimgesucht und mit ohrenbetäubender Musik beschallt.

Fünf Minuten Autofahrt in Indien

Im indischen Straßenverkehr ist es nicht immer einfach, den Überblick und die Nerven zu behalten. Da wird gedrängelt, geschlichen, gehupt, sich durchgezwängt und überholt, wo gerade Platz ist oder auch nicht. Doch liegt auf und neben diesen Straßen auch ein Teil von Indiens Faszination. Hier spielt sich das alltägliche Leben ab, hier wird man mit Eindrücken überhäuft, manchmal auch überfordert, oder man glaubt sich im Theater.

Links und rechts der Straße erstrecken sich Reisfelder. Gebückte Frauen in bunten Saris stecken flink Reissetzlinge in die überflutete Erde. Vor uns trotten gemächlich zwei Ochsengespanne. Ein Lastwagen kommt uns entgegen, mit seiner Huperei drängt er die Ochsen und auch uns an den äußersten Rand der Straße, während er unbeirrt auf der Mittellinie kleben bleibt. Er ist groß und stark und deshalb auch ein König. Dann ist die Gegenfahrbahn frei, wir können überholen. Im Schlepptau ein anderes Auto, das mit seiner wilden Huperei signalisiert, dass wir endlich Platz machen sollen. Wir umfahren ein paar Schlaglöcher und überholen dann eine ganze Familie auf einem Fahrrad. Getreide ist auf der Straße ausgelegt, damit es vom drüberfahrenden Verkehr gedroschen wird. Auf einem Feld sehen wir zwei Männer hocken, die gerade ihre Notdurft verrichten. Dann kommen wir in ein Dorf. Kühe und Ziegen sind neben der Straße in ihren Freiluftställen an einen Pflock angebunden, Wasserbüffel werden gemolken und Kuhmist zum Trocknen an die Hauswände geklebt. Jetzt wird der Verkehr so richtig chaotisch: Fußgänger und Rikschas, Lastwagen und Traktoren, streunende Hunde, heilige Kühe, Ochsengespanne und alles, was sonst noch Räder und Beine hat, gibt sich hier ein Stelldichein und versperrt sich gegenseitig den Weg. Neben der Straße reihen sich Verkaufsstände, es wird gekocht und gegessen, rasiert, Wäsche gewaschen, gebadet, Zähne geputzt, Tee getrunken und geplaudert, es werden Haare geschnitten, Reifen und Schuhe geflickt, Kleider genäht und Zähne gezogen.

Auf und neben diesen Straßen liegt ein Teil von Indiens Faszination.

In Chennai endet unsere Fahrt durch Indien. Von hier aus wollen wir weiter nach Australien. Es stellt sich die Frage, wie wir unseren Camper nach Down Under bringen, ohne

Zu Indiens chaotischen Straßenverhältnissen entwickeln wir eine Hass-Liebe.

dabei unsere Reisekasse zu stark zu strapazieren. Bereits bei der Wahl des Reisefahrzeugs war es mitentscheidend, dass dieses in einen ganz normalen 20-Fuß-Schiffscontainer passt. Damit lassen sich schon mal Kosten einsparen. Eine Schiffsagentur besorgt uns die notwendigen Frachtpapiere, vereinbart einen Termin beim Zoll und zeichnet dafür verantwortlich, dass unser Bus rechtzeitig in einen Container verladen wird. Wir wiederum müssen unseren Bus gründlich waschen und auf Hochglanz polieren, denn wir sind uns bewusst, dass die Quarantäne-Vorschriften bei der Einfuhr nach Australien streng und kompromisslos sind.

Wieder einmal ist alles auf die letzte Minute hinausgelaufen, weil das australische Visum auf sich hat warten lassen und dadurch auch die Verschiffung des Campers hinausgezögert wurde. Doch nun haben wir es geschafft. Unser Bus wurde in einen Container verladen und morgen, genau einen Tag bevor unser indisches Visum ausläuft, fliege ich nach Perth, um dort in etwa drei Wochen unsere Betty wieder in Empfang zu nehmen. Yvonne hingegen geht für zwei Monate auf Heimaturlaub in die Schweiz.

woodside

Die Skyline von Perth, Westaustralien

Alleineiger Chef hinterm Lenkrad

Einsame, endlos weite Landschaften machen für uns einen Teil von Australiens Faszination aus.

Gleich von Anfang an genieße ich das unbeschwerte Reisen in Down Under. Die Freiräume, selbst in der Stadt, kommen mir gewaltig vor und ich schätze die offene, unkomplizierte Art der Australier und die Leichtigkeit, mit der sie ihren Alltag bewältigen.

Die kleine westaustralische Hafenstadt Fremantle ist bekannt für ihre entspannte Atmosphäre und die zahllosen gemütlichen Straßencafés. Nach dem hektischen Indien ist dies der ideale Ort, um wieder einmal einen richtigen Cappuccino zu schlürfen und in Ruhe das Leben um mich herum zu betrachten, ohne selbst von Schaulustigen umlagert und angestarrt zu werden. Ich fühle mich wieder als Individuum und nicht als Teil eines Ganzen, ohne Anrecht auf jegliche Privatsphäre. Alles ist so sauber, gepflegt und aufgeräumt, der Verkehr verläuft in geregelten Bahnen und keiner hupt. Dafür werde ich von den Preisen geradezu erschlagen. Nach dem spottbilligen

Indien erscheint mir hier alles unbezahlbar teuer. Und als ich schließlich nach drei Wochen unsere Betty im Hafen abhole, bekomme ich nicht, wie sonst üblich, ein »No worries« zu hören, sondern erlebe eine Bürokratie, wie ich sie in Australien nicht für möglich gehalten hätte. In Sachen Sauberkeit des Fahrzeugs kennen die Australier keine Kompromisse, denn sie befürchten, dass sich in Erdresten Samen unerwünschter Pflanzen oder tierische Schädlinge eingenistet haben und so unbemerkt auf die Insel gelangen könnten. Unser Camper wird nochmals einer gründlichen Wäsche unterzogen, obwohl wir uns bereits in Indien tagelang um perfekte Sauberkeit bemüht haben. Auch muss sich Betty, bevor sie auf den australischen Straßen fahren darf, einer technischen Kontrolle unterziehen und ich brauche eine für Down Under gültige Fahrzeugversicherung. Dann endlich sind alle Hürden geschafft und ich bin frei, ins Abenteuer Australien zu starten. Während es in der fernen Heimat Schweiz langsam Sommer geworden sein dürfte, drückt mir hier im Südwesten Australiens der Winter mit seinem nasskalten Wetter aufs Gemüt. Tagsüber pendeln die Temperaturen gerade noch um die 20 Grad. Und auch sonst präsentiert sich der rote Kontinent alles andere als bilderbuchartig: keine Spur von endlos weitem Buschland und Straßen, die sich in einer einzigen Geraden bis an den fernen Horizont erstrecken. Stattdessen kurve ich auf der Fahrt nach Pemberton durch ausgedehnte Eukalyptuswälder mit gigantischen Karri- und Jarrahbäumen, die sich bis zu 90 Meter in die Höhe recken und Durchmesser von bis zu sieben Metern erreichen können. Da komme ich mir ganz schön klein vor. Weil es in dieser Gegend immer wieder zu Waldbränden kommt, wurden sogenannte Fire Lookout Trees geschaffen, hohe Bäume, von deren Wipfeln aus man einen Fernblick hat und so mögliche Feuer frühzeitig entdecken kann. Ein paar Aussichtsbäume sind Touristenattraktionen und können erklommen werden. Der Bicentennial Tree ist einer davon und ich wage mich an den Aufstieg – an einem regnerischen und windigen Tag wie heute ein ziemlich abenteuerliches Unterfangen. Mit zittrigen Knien arbeite ich mich von Eisenstange zu Eisenstange am Baumstamm entlang langsam nach oben. Irgendwann traue ich mich nicht

Von Anfang an genieße ich das unbeschwerte Reisen in Down Under.

mehr, nach unten zu blicken, aus Angst, mir könnte dabei schwindelig werden. Dann stehe ich oben, auf einer Plattform in 75 Metern Höhe, des erhofften Ausblicks beraubt von den tief hängenden Wolken.

Jetzt, wo Yvonne für einen Besuch in der Schweiz ist, fehlt mir natürlich ihre Gesellschaft und manchmal überkommt mich die Einsamkeit. Auf meinen früheren Reisen habe ich das Alleinreisen genossen, ich habe darin auch einen Teil meiner Ungebundenheit gesehen. Doch jetzt, wo ich mit der Zwei-

Unterwegs in den Karriwäldern im Südwesten Australiens

samkeit vertraut geworden bin, fühlen sich meine Reisetage ohne jemanden an meiner Seite leer an. Immer wieder ertappe ich mich dabei, wie ich in Selbstgespräche verwickelt bin oder eine philosophische Diskussion mit mir selber führe. Manchmal kann ich es fast nicht glauben, dass seit unserer Abreise bereits ein Jahr vergangen sein soll. Eigentlich erstaunlich, dass bei uns nicht öfter die Fetzen flogen, wo wir uns doch Tag für Tag 24 Stunden lang auf engstem Raum ständig auf die Füße getreten sind. Natürlich gab es auch

Meinungsverschiedenheiten, doch so richtig in die Haare geraten sind wir uns eigentlich nie. Dies verlangte natürlich immer wieder Kompromissbereitschaft auf beiden Seiten. Die größten Diskussionen löste bei uns das Autofahren aus: Yvonne ist der Formel-1-Pilot und ich der Sonntagsfahrer. Da genieße ich es nun natürlich umso mehr, alleiniger Chef hinter dem Lenkrad zu sein und gemütlich über die leeren australischen Landstraßen zu gondeln, vorbei an Kuh- und Schaffarmen, dann wieder durch Wälder mit riesigen Karribäumen. Und sobald die Landschaft draußen in Bewegung ist, fangen auch meine Gedanken an zu wandern. Dann falle ich in eine Art Meditationszustand, mal ergründe ich mein eigenes Leben, singe, bin auf Besuch zu Hause oder diskutiere mit mir selbst.
Der Südwesten Australiens präsentiert sich erstaunlich grün und abwechslungsreich, aber besonders faszinierend finde ich immer wieder das Meer: sein unermüdliches Rauschen, seine wilde, unbändige Kraft, die der eines riesigen Ungeheuers gleicht. Eine Welle nach der anderen rollt an den Strand. Es ist ein sich ständig wiederholendes Spiel und dennoch unglaublich faszinierend. Vor ein paar Tagen hat mir ein Australier erklärt, dass es drei Dinge gebe, die den Menschen nie langweilen würden: in die Flammen eines Feuers zu starren, Menschen zu beobachten und dem Spiel der Wellen zuzusehen. Und immer wenn ich irgendwo am Meer sitze, erinnere ich mich an die Frage, die mir auf einem öffentlichen Diavortrag einmal von einem älteren Mann gestellt wurde. Er, der es in seinem Leben nie bis ans Meer, wahrscheinlich nicht einmal aus der kleinen Schweiz heraus, geschafft hatte, wollte wissen, wie das Meer eigentlich genau aussehe? Ich war damals ob dieser Frage sehr überrascht und wusste nicht recht, was ich darauf antworten sollte, hat das Meer doch tausend verschiedene Gesichter. Doch so wie sich der Ozean hier präsentiert, wild und unbändig, gefällt er mir persönlich am besten. Wieder formiert sich draußen langsam das Wasser, steigt unvermittelt und in überstürzender Eile höher und höher, bis sich die Welle überschlägt und am Strand ausrollt. Hier glaube ich mich am Puls aller Naturgewalten. Mit jeder Welle, die an den Strand rollt, löst sich die gewaltige Energie, die in ihr steckt, im Nichts auf. So verschwenderisch geht die

Der Südwesten Australiens präsentiert sich erstaunlich grün und abwechslungsreich.

Bis zu vier Meter hohe Kalksteinsäulen im Nambung Nationalpark

Natur mit ihrer Energie um und trotzdem ist immer gleich viel davon da. Die Natur ist uns in vielen Belangen um Lichtjahre voraus und es bleibt zu hoffen, dass es der Menschheit nie gelingen möge, ihre Gewalten zu bändigen.

In Albany lasse ich in einer kleinen Werkstatt den Zahnriemen unseres Busses auswechseln, besuche in Mount Barker die wöchentliche Viehauktion und hole schließlich in Perth Yvonne wieder vom Flughafen ab. Wir freuen uns beide riesig über unser Wiedersehen und sind glücklich, nun wieder gemeinsam unterwegs zu sein. Ich bin natürlich gespannt auf all die Neuigkeiten, die sie von zu Hause mitgebracht hat.

Weil die Piste, die unmittelbar entlang der Küste verläuft, wegen einer militärischen Übung gesperrt ist, müssen wir mit dem Brand Highway vorliebnehmen. Gigantische, bis zu 50 Meter lange Road Trains kommen uns hier entgegen, beladen mit ganzen Häusern und überbreiten Kippern, die in den westaustralischen Eisenerz- und Goldminen zum Einsatz kommen.

Von Cervantes aus machen wir einen Abstecher in den Nambung National Park. Einzigartig ist hier das Pinnacles Desert: Tausende bis zu vier Meter hohe Kalksteinsäulen in einer von

Sanddünen durchzogenen Wüstenlandschaft. Jede von ihnen, so scheint uns, hat ihr eigenes Gesicht und immer wieder glauben wir, eine uns vertraute Märchenfigur darin zu erkennen. Fasziniert wandern wir durch diese großartige Landschaft, während uns der Wind um die Ohren pfeift. Einmal sehen wir einen Emu, einen australischen Strauß, durch die Wüste spazieren, ansonsten können wir kein Leben entdecken, von den vielen Touristen mal abgesehen. Den zahlreichen heimischen Echsenarten und Schlangen ist es an einem Tag wie heute viel zu kalt und sie bleiben in ihren Verstecken verborgen.
Zahllose Geschichten und Legenden ranken sich um die Pinnacles. Wissenschaftler sind sich bis heute nicht einig über die Entstehung dieser einzigartigen Gebilde. Die Geschichte, die sich die Noongar-Aborigines, die Ureinwohnern dieser Gegend, erzählen, gefällt mir persönlich am besten. Diese bezeichnen die Pinnacles-Wüste wegen ihres weichen und tiefen Sandes als »Teufelsort«. Den jungen Männern wurde davon abgeraten hierherzukommen, weil sie im Sand versinken würden. Es gab aber immer wieder Burschen, die nicht auf ihre Ältesten hörten und in den Sanddünen verschwanden. Die Noongars glauben, die Pinnacles seien deren Fingerspitzen, die versuchten, sich an irgendetwas festzuklammern, um sich so selbst wieder aus dem Sand zu befreien.

Schafschur im Akkord

In Monkey Mia verfolgen wir mit Scharen anderer Touristen die tägliche Fütterung wilder Delfine und machen kurz vor Exmouth einen Abstecher auf die Exmouth Gulf Station, eine 95 000 Hektar große Schaffarm. Unterwegs haben wir erfahren, dass dort derzeit die Schafscherer an der Arbeit sind. Farmer John und seine Familie heißen uns herzlich willkommen und freuen sich, dass ausländische Besucher an ihrem Alltag interessiert sind. Einmal im Jahr besucht ein Scherteam – bestehend aus neun Leuten: vier Scherern, zwei Helfern, einem Wollsortierer, einem Mann an der Wollpresse und einem Koch – die Farm. Für die Schafhalter ist dies die arbeitsintensivste Zeit des Jahres. Auch die beiden Söhne Bert und Ashley, die in Tom Price wohnen und dort in den Minen arbeiten, sind nach Hause gekommen, um mit anzupacken. Jetzt wird jede verfügbare Hand gebraucht und auch wir bekommen schon bald eine Arbeit zugeteilt. Wir helfen

Jährliche Schafschur auf der Exmouth Gulf Station, Westaustralien

mit beim Treiben, Sortieren und Markieren der Schafe und ich darf mich auch einmal als Scherer versuchen. Die etwa 10 000 Schafe werden mit Flugzeug und Motorrädern zusammengetrieben, in umzäunte Pferche gesperrt, sortiert und geschoren.

Die Scherapparate surren, die Scherer, gebückt über den Schafen, sind konzentriert an ihrer Arbeit. Es herrscht ein reges Treiben und dennoch ist die Atmosphäre geradezu entspannt, keine Spur von Hektik. Wieder greift sich ein Scherer ein Schaf aus dem Abteil und schleppt es an seinen Scherplatz. Mit System und geübten Handgriffen schneidet er dem Tier die Wolle vom Leib. Es gibt Schafe, die versuchen, sich dagegen zu wehren, andere verharren regungslos, scheinen es gar zu genießen, endlich den viel zu warmen Pelz loszuwerden. Zwei Minuten dauert die ganze Prozedur, dann wird das nackte Tier durch eine Luke nach draußen geschubst. Während sich der Scherer das nächste Tier holt, räumt ein Helfer die Wolle weg und bringt diese zum Sortiertisch. Hier ist ein Mann damit beschäftigt, die Schafwolle nach Länge, Weichheit, Farbe und Verschmutzungsgrad zu sortieren. Danach wird die aussortierte Wolle für den Abtransport zu

riesigen Ballen gepresst. Einer dieser Ballen wiegt rund 175 Kilogramm und enthält die Wolle von etwa 60 Schafen. Ein geübter Scherer schafft um die 160 Schafe am Tag und wird dafür im Akkord, mit 2,35 Dollar pro Tier, entlohnt. Schließlich werden die Lämmer markiert, kastriert und ihre Schwänze gekürzt, bevor die Tiere dann wieder für ein Jahr in die Freiheit dürfen.

In zwölf Tagen will man hier mit der Arbeit fertig sein. Dann gönnen sich die Scherer erst mal ein paar freie Tage bei ihren Familien, bevor sie sich zur nächsten Farm aufmachen.

Auch wir gönnen uns ein paar Tage Ferien und fahren zur Erholung nach Exmouth in den Cape Range National Park. Dieser Küsten-Nationalpark beherbergt das Ningaloo-Riff. Auch wenn es wesentlich kleiner ist als das Great Barrier an der Ostküste Australiens, steht das Ningaloo Reef mit seinen 220 verschiedenen Korallen- und über 500 Fischarten diesem in keiner Weise nach und ist viel einfacher zu erreichen, weil es unmittelbar an der Küste beginnt. Leider zieht dieses Schnorchelparadies Jahr für Jahr mehr Touristen an – mit den daraus resultierenden negativen Folgen für die sehr fragilen Korallengebilde.

Die zehntausend Schafe werden per Flugzeug und Motorrädern zusammengetrieben.

Linda und John holen uns nach einem Motorschaden im Outback wieder nach Exmouth zurück.

Autopanne im australischen Outback

Auf der Weiterfahrt nach Tom Price führt die Straße durch das menschenleere Outback. Wir lieben die endlose Buschlandschaft mit Spinifex und rotem Sand: Australien wie aus dem Bilderbuch. Die letzte Nacht haben wir am Fuße einer rundlichen Felsformationen verbracht, die absolute Stille der Wüste genossen und die Sterne über uns gezählt. Kaum sind wir aber heute Morgen zurück auf dem Highway, wendet sich das Glück von uns ab. Ungewohnte Geräusche aus dem Motorraum lassen uns aufhorchen. Der Motor verliert immer mehr an Leistung und mit letzter Anstrengung schaffen wir es gerade noch auf eine Ausweichstelle. Und so stehen wir nun im australischen Outback, Hunderte von Kilometern von der nächsten Ortschaft entfernt. Wenigstens ist da noch die Straße und nur 35 Kilometer weiter nördlich soll es ein Roadhouse geben, mit einem Telefon als Verbindung zur Außenwelt. Aber zufällig haben wir gestern erfahren, dass Bert und Ashley, die Schaffarmer-Söhne, beide Mechaniker von Beruf, heute hier durchfahren werden.

Unsere Zuversicht weicht jedoch Resignation, als die beiden dann am Abend nach kurzer Inspektion ein Problem mit dem

Mit John auf Kontrollfahrt zu den verschiedenen Wasserstellen

Zahnriemen vermuten. Aus eigener Kraft kommen wir hier nicht mehr weg. Wir brauchen einen Abschleppdienst. Aber wo soll dieser herkommen und wohin soll er uns bringen? Exmouth liegt 300 Kilometer südlich von hier, und in Richtung Norden ist Tom Price wahrscheinlich ebenso weit entfernt. Unsere Stimmung ist auf dem Nullpunkt angelangt. Gerade erst haben wir den Zahnriemen auswechseln lassen, um für das menschenleere australische Hinterland gerüstet zu sein. Und nun so etwas. Bert und Ashley versprechen, von der Farm aus Hilfe zu organisieren, und wir verbringen die nächsten drei Tage campend am Straßenrand. Mit Erleichterung sehen wir schließlich die Farmersleute Linda und John mit einem Anhänger vorfahren. Ein offizieller Abschleppdienst hätte uns mehr als 2000 Dollar gekostet. So haben die beiden kurz entschlossen einen Anhänger organisiert und sind gekommen, um uns nach Exmouth zurückzubringen.
In der Werkstatt bestätigen sich unsere Befürchtungen: Die Kipphebel sind verbogen, einige sogar ganz abgebrochen, und die Ventile zerschlagen. Was genau die Ursache dafür war, kann uns der Mechaniker aber erst sagen, wenn er den Motor ganz auseinandergebaut hat. Zu unserem Leidwesen

sind die Auftragsbücher der Werkstatt voll und so kann es ein paar Tage, wenn nicht gar Wochen, dauern, bis sich jemand um unseren Bus kümmern kann. Alternativen gibt es nicht und so ist eine längere Reisepause angesagt. Wohnen können wir bei Linda und John auf der Farm, wo wir ein Zimmer in der ansonsten leer stehenden Schererunterkunft beziehen. Mit Unbehagen stellen wir fest, dass sich in unserem Zimmer auch ein paar Redbacks eingenistet haben. Doch schnell haben wir uns an die Anwesenheit dieser giftigen, aber nicht aggressiven Spinnen gewöhnt und es ist kein Problem mehr für uns, mit ihnen im selben Zimmer zu schlafen.
Um uns nützlich zu machen, packen wir auf der Farm mit an, begleiten John auf seinen täglichen Ausfahrten zu den einzelnen Wasserstellen, kontrollieren Wasserstände in den Vorratstanks, starten wenn nötig die Pumpen, reparieren Wasserleitungen, reinigen Tränken und flicken Zäune.

Wir können es nicht erwarten, wieder auf den endlos langen Straßen des Outback unterwegs zu sein.

Vier Wochen dauert es, bis der Camper schließlich wieder repariert ist. Als wir unsere Betty in der Werkstatt abholen und die Rechnung präsentiert bekommen, fällt uns ein Stein vom Herzen. Als hätte er nicht schon genug für uns getan, hat John für unsere Mithilfe auf der Farm bereits einen Teil der Rechnung beglichen und wir müssen nur noch 900 Dollar bezahlen. Wir sind überglücklich, den Motor wieder brummen zu hören. Der eigentliche Auslöser war ein defektes Lager einer Ausgleichswelle. Dadurch hat sich ein kleines Plastikteil gelöst, ist in den Zahnriemen gefallen und hat das Zusammenspiel der einzelnen Motorenteile durcheinandergebracht.
Wir können es nicht erwarten, wieder auf den endlos langen Straßen des Outback unterwegs zu sein, und freuen uns auf die einsamen Abende am Lagerfeuer, über uns das Firmament mit Milliarden von Sternen. Gleichzeitig heißt es für uns aber auch, von unseren neu gefundenen Freunden Abschied nehmen zu müssen. Sie waren ständig um unser Wohl besorgt und haben unseren Aufenthalt in Australien unvergesslich gemacht. Danke!
Unbeirrt zieht sich das graue Asphaltband dem Horizont entgegen, in der Landschaft zeigt sich kaum eine Regung, kaum

eine Veränderung. Dafür werden die Distanzen zwischen den einzelnen Ortschaften immer größer. Hat uns Australien am Anfang mit dieser Endlosigkeit noch fasziniert, macht sich nun auch schon mal Langeweile bemerkbar.
In der Nähe von Tom Price erleben wir Wildwest-Romantik pur beim Besuch eines Camp Drafts. Der ganze Veranstaltungsort gleicht einem riesigen Camp mit Countrymusik, Pferden, Barbecue, Bier und echten Cowboys oder, wie es hier heißt: Stockmen. Ein Camp Draft ist eine Art Rodeo, nur versucht hier der Cowboy oder das Cowgirl nicht, sich auf dem Rücken eines halb wilden Bullen oder Pferdes zu halten. Beim Camp Draft geht es vielmehr darum, ein einzelnes Tier von seiner Herde zu trennen und in ein anderes Gehege zu treiben oder im vollen Galopp vom Pferd aus ein junges Rind auf den Boden zu zerren und ihm die Beine zu fesseln, alles in einem vorgegebenen Zeitlimit. Dieser Sport verlangt von Pferd und Reiter körperliches Geschick, aber auch gute Teamarbeit.

In der Nähe von Tom Price besuchen wir ein »Camp Draft«.

Die Landschaft im Karijini Nationalpark ist von vielen Schluchten durchzogen.

Auf staubiger Piste durch die Kimberleys

Eine dicke Staubwolke hinter uns herziehend, brettern wir auf der Gibb River Road durch die Kimberleys. Der Staub dringt durch sämtliche Ritzen und Poren, die Hitze ist erdrückend und das »Wellblech« – Querrillen auf der Piste, die den Wagen heftig durchschütteln – droht unseren Camper in seine Einzelteile zu zerlegen.

Nicht nur wir, sondern auch die Fliegen, die es hier zu Milliarden gibt, scheinen unter der Hitze zu leiden, und sie versuchen sich ständig in unseren Augen, Nasen und Ohren zu verkriechen.

Die Kimberleys sind ein etwa 420 000 Quadratkilometer großes Wildnisgebiet am nordwestlichen Ende Australiens. Es gibt hier einige wenige, dafür aber umso größere Rinderfarmen. Da sich die Viehzucht aber immer weniger rechnet, versucht man die Region mehr und mehr touristisch zu vermarkten. Und so kommt es, dass diese sogenannte Beef Road immer mehr zu einer Touristenstraße wird.

Der Fortescue-Wasserfall
im Karijini Nationalpark,
Nordwest-Australien

Versteckt liegende Schlucht in den Kimberleys (links oben)

Wir genießen ein erfrischendes Bad in einem natürlichen Pool (links).

Baobabbäume prägen die Landschaft in den Kimberleys (oben)

Über weite Strecken begleitet uns trockene Baum- und Graslandschaft, dann wieder windet sich die Schotterstraße durch eine Hügellandschaft mit roten Kalksteinabbrüchen und führt durch Bäche. Ohne die Baobabbäume jedoch wäre die Landschaft hier nur halb so schön. Mit ihren dicken, flaschenförmigen Stämmen und den knorrigen Ästen vermögen sich diese sonderbaren Kreaturen immer wieder dominant in Szene zu setzen. Wir sind total fasziniert und genießen sie als idyllische und schattige Rastplätze.

Bei den aktuellen Temperaturen um die 40 Grad sind Abstecher in Schluchten mit natürlichen Badepools eine ganz besondere Verlockung. Für uns sind diese wie Oasen in der Wüste. Hier können wir ein erfrischendes Bad genießen und uns den Staub und Schweiß vom Körper waschen.

Die Mythologie der Aborigines

Ankunft im nördlichsten Teil Australiens

Im Norden Australiens sind die Spuren der Aborigines, der Ureinwohner Australiens, allgegenwärtig. Im Kakadu National Park betrachten wir ihre bis zu 20 000 Jahre alten Felsmalereien. Diese Zeichnungen und Gravuren zeigen Darstellungen aus dem alltäglichen Leben oder vermitteln Teile ihrer Schöpfungsgeschichte. Da die Kultur der Aborigines keine Schriftsprache kennt, hat die Bildsprache, nebst der mündlichen Überlieferung, schon immer eine wichtige Rolle gespielt. Die Aborigines zählen zu den ältesten Völkern der Erde. Wissenschaftler gehen davon aus, dass der australische Kontinent vor etwa 60 000 bis 120 000 Jahren besiedelt wurde. Bis zur Kolonisation im späten 18. Jahrhundert durch die Europäer lebten die Aborigines größtenteils in voneinander unabhängigen Stammesgemeinschaften und waren Jäger und Sammler. Mit der Ankunft der Europäer wurde ihre Welt jedoch massiv erschüttert. Ihre Vorstellungen, Rituale und auch

In der Mythologie der Aborigines wird die Zeit der Schöpfung als Traumzeit bezeichnet.

ihr Glaube stießen bei den weißen Einwanderern auf Ablehnung und Ignoranz. Die Aborigines wurden verfolgt, ermordet und von ihrem eigenen Land vertrieben. Heute leben viele von ihnen am Rande der Gesellschaft, ohne Arbeit und Perspektive. Mit der ihnen aufgezwungenen westlichen Kultur kommen die meisten nicht zurecht, Alkohol- und Drogenprobleme sind die Folge.

In der Mythologie der Aborigines wird die Zeit der Schöpfung, in der die Welt erschaffen beziehungsweise erträumt wurde, als Traumzeit (Tjukurrpa) bezeichnet. Da sich die Welt ständig verändert, ist die Traumzeit nie abgeschlossen. Sie ist Vergangenheit, Gegenwart und Zukunft zugleich und erklärt die Entstehung der Welt, der Natur und sämtlicher Lebensformen. Die Tjukurrpa existiert nicht in schriftlicher Form, sondern wird in mündlich erzählten Geschichten, Tänzen und Ritualen von Generation zu Generation weitergegeben.

Die Aborigines zählen zu den ältesten Völkern der Erde.

Als die Welt noch leer war, so die Erzählungen, erschienen aus dem Nichts die Urwesen. Diese sind herumgereist und haben dabei alles erschaffen: sowohl die Lebewesen als auch die Konturen und Eigenschaften der Landschaft. Sie haben auch die Regeln für das Zusammenleben aufgestellt.

Eine zentrale Rolle in dieser Schöpfungsgeschichte spielt die Regenbogenschlange Wanambi. Eines Tages soll diese unter der Erdoberfläche schlafende Riesenschlange erwacht sein und dabei die Erdkruste durchbrochen haben, wobei sie Steine und Geröll aufhäufte. Die Schlange machte sich auf zu einer langen Wanderung zu allen Punkten der Erde. Auf dem Weg hinterließ sie überall ihre Spuren. Als sie schließlich an ihren Ausgangspunkt zurückkehrte, rief sie die Frösche, deren Bäuche voller Wasser waren. Als die Frösche dieses ausspuckten, floss es durch die Spuren von Wanambi und sammelte sich in den Vertiefungen ihrer Schlafplätze. So entstanden die Flüsse und Seen. Auch andere Urahnen erwachten und kamen an die Erdoberfläche. Sie bewegten sich durch die anfänglich noch kahlen Einöden, ähnlich wie auch die Aborigines durch ihr riesiges Land wandern. Die Ahnen zogen umher, sie jagten, schlugen ihr Lager auf, kämpften und liebten sich. So formten sie das Land und gestalteten die Landschaft. Vor ihren Wanderungen träumten sie jeweils im Schlaf von den Abenteuern

Riesige Termitenhügel im Litchfield Nationalpark, Nordaustralien

und Ereignissen des nächsten Tages. Indem sie diese Träume in Taten umsetzten, wurden die Ameisen und Emus, die Wallabys, Papageien und Echsen, aber auch die Nahrung, die Pflanzen, der Regen, Sonne und Sterne wie auch die Menschen geschaffen.

Götter im eigentlichen Sinn kennen die Aborigines nicht. Vielmehr glauben sie, dass in jedem Lebewesen, in jeder Pflanze, jedem Teil des Universums ein göttlicher Funke wohnt. Gott ist für sie überall und somit sind alle Elemente einander gleichgestellt.

Von Krokodilen, Schlangen und anderen Begegnungen

Im Litchfield National Park erwartet uns ein kleines tropisches Paradies mit rauschenden Wasserfällen und verträumten Tümpeln. Wir staunen über mehrere Meter hohe Termitenhügel. Der Park verspricht endlich wieder eine Abkühlung. Weil hier in den verschiedenen Wassertümpeln, den soge-

nannten Billabongs, keine Salzwasserkrokodile leben, kann man sich gefahrlos im Wasser abkühlen.
Um uns Krokodile einmal aus der Nähe anzusehen, buchen wir eine touristische Jumping Crocodile Cruise auf dem Adelaide River, obwohl ich mich überhaupt nicht gern mit Massen anderer Menschen auf ein Boot zwängen lasse. Doch jetzt geht es einfach nicht anders und ich möchte es im Nachhinein nicht missen. Auf dieser Bootsfahrt bekommen wir nämlich eindrücklich vor Augen geführt, wie pfeilschnell diese Raubtiere im Wasser sein können. Als Köder wird ein Stück rohes Fleisch vom Boot aus über dem Wasser aufgehängt. Und tatsächlich: Lange brauchen wir nicht zu warten, bis das erste Krokodil geradewegs auf unser Boot zugeschwommen kommt. Es bringt sich unter dem Fleisch in Stellung, taucht kurz im Wasser unter, um nur einen Augenblick später mit seinem gesamten Körper senkrecht aus dem Wasser zu schießen. Mit unglaublicher Treffsicherheit schnappt es sich den Fleischbrocken und fällt mit einem Platsch zurück ins Wasser. Wir sind total beeindruckt und begeistert von dieser Vorstellung, die sich auf der Fahrt noch einige Male wiederholt.
Am nächsten Tag haben wir nochmals ein Erlebnis, das uns in die Knochen fährt. Wir campen zusammen mit zwei Deutschen ganz in der Nähe des Adelaide River, als am frühen Morgen ein australisches Paar mit seinem Auto angefahren kommt. Der Mann öffnet den Kofferraum und nimmt einen Stoffsack heraus – mit einer zwei Meter langen Olivpython darin. Voller Stolz und unseren erschreckten Gesichtsausdrücken zum Trotz, präsentiert er uns die Schlange, die es auf seine Hühner abgesehen hatte, und entlässt sie dann in die Freiheit. Das verschreckte Tier sucht aber nicht wie erwartet das Weite, sondern verkriecht sich kurzerhand zwischen Rad und Bremsscheibe des Autos der deutschen Touristen. Nur mit viel Mühe bekommt der Australier die Würgeschlange schließlich wieder heraus, die sich dann unter einem Busch versteckt.
Die Australier und die Deutschen sind längst weg und wir noch am Zusammenpacken, als Yvonne plötzlich bemerkt, dass die Python wieder angeschlängelt kommt. Sie hebt bereits den Kopf und macht Anstalten, über die offene Schiebetüre in den Bus zu schleichen. Mit einem Fußtritt kann Yvonne die Tür noch rechtzeitig zuschlagen. Jetzt dreht die Schlange

Kängurus werden in 60 verschiedene Arten unterschieden.

ihren Kopf in Richtung Vorderrad. Reflexartig packe ich das Tier am Schwanzende und schleudere es seitlich nach hinten ins Gebüsch. Unglücklicherweise bleibt es am Stacheldraht hängen und kann sich nicht mehr aus eigener Kraft befreien. Mithilfe eines Stocks helfe ich der Python aus ihrer misslichen Lage. Den Schrecken noch in den Knochen, ergreifen wir schnellstmöglich die Flucht.

Glücklicherweise sind nicht alle unsere tierischen Begegnungen in Australien so aufregend. Meist genießen wir es, wenn uns unterwegs ein Tier über den Weg läuft. Wir halten dann immer sofort an, um die Kreatur aus der Nähe zu betrachten, falls sie sich nicht bereits spurlos in den Busch verzogen hat. Der ideale Ort, um Tiere zu beobachten, sind Wasserstellen. Beeindruckend ist es, als wir einen Riesenwaran dabei beobachten, wie er sich einen Kakadu schnappt, oder wie ein weiterer Vertreter dieser Art genüsslich die stinkenden Socken unseres Zeltnachbarn verschluckt.

Durch ihre Isolation hat sich die Fauna Australiens anders entwickelt als irgendwo sonst auf dem Planeten Erde. Mehr als 80 Prozent aller hier lebenden Tiere kommen nur auf dem Roten Kontinent vor. Unter ihnen gibt es ein paar ganz kuriose Kreaturen: Beim Ameisenigel etwa handelt es sich um ein Eier legendes Säugetier mit einem Beutel für das

Junge. Und hätten wir nicht gewusst, dass sich hinter dem abschreckenden Äußeren des Dornenteufels ein friedvolles Wesen versteckt, hätten wir uns sicherlich nicht so nah an ihn herangewagt. Man weiß ja schließlich nie – Australien hat nämlich auch ein paar hochgiftige Tiere zu bieten und gilt nicht umsonst als der giftigste Kontinent.
Oft wundern wir uns, warum sich die Tiere bei unserem Erscheinen nicht sofort aus dem Staub machen. Wir glauben, dass es damit zu tun hat, dass das Interesse auf Gegenseitigkeit beruht. Immer wieder können wir feststellen, dass auch sie uns aus allen Blickwinkeln mustern. Geradlinig führt uns der Stuart Highway nach Süden, die Landschaft

Roter Sand, Spinifexgras und die immergrüne Desert Oak prägen die Landschaft in Zentralaustralien.

Devils Marbles: in der Mythologie der Aborigines die Eier der Regenbogenschlange

rechts und links bietet kaum Abwechslung. Und doch hat auch diese Monotonie etwas Beruhigendes an sich und wir kommen gut voran. Wir sind des heiß-schwülen Wetters überdrüssig und freuen uns auf den kühleren Süden. 100 Kilometer nach Tennant Creek machen wir halt bei den Devils Marbles – unzähligen riesigen Granitkugeln, die teilweise spektakulär aufeinander balancieren. Devils Marbles heißt übersetzt so viel wie die Murmeln des Teufels. In der Mythologie der Aborigines sind dies die Eier der Regenbogenschlange. Ein äußerst fotogener Ort, vor allem am späten Nachmittag, wenn die tief stehende Sonne die Steinkugeln in ein feuriges Rot taucht.

Schulbesuch im größten Klassenzimmer

In Alice Springs sind wir auf Schulbesuch in der School of the Air, im weltgrößten Klassenzimmer. Um auch Kindern, die weit abgelegen im Outback leben – nicht selten Tagesreisen von der nächsten Siedlung entfernt –, eine Schulbildung zu ermöglichen, wurde in Australien 1951 die School of the Air ins Leben gerufen. In dieser Schule werden die Kinder im Fernstudium unterrichtet. Früher geschah dies über Funk, heute läuft der Unterricht via Satellit übers Internet. Die Schule deckt den Unterricht von der Vorschule bis zur siebten Klasse ab. Für die weitere Ausbildung braucht es dann eine Alternative wie beispielsweise ein Internat.

Alice Springs ist eine von insgesamt 16 Standorten der School of the Air in ganz Australien. Von hier aus werden aktuell 167 Kinder unterrichtet, die in einem Gebiet leben, das sich über mehr als das 30-Fache der Fläche der Schweiz erstreckt. Der Lehrer sitzt meist allein hinter seinem Pult und sieht seine Schüler, die bis zu 1000 Kilometer entfernt wohnen, via Bildschirm ebenfalls hinter einem Computer sitzen. Nur in Ausnahmefällen trifft man hier auch mal einen Schüler. Wenn die Eltern etwas in der Stadt erledigen müssen, bringen sie

Blick auf Ayers Rock oder Uluru, wie ihn die Ureinwohner Australiens nennen

meist auch ihre Kinder mit, die dann für ein paar Stunden mit dem Lehrer im selben Zimmer unterrichtet werden. Je nach Alter der Kinder dauert der Online-Unterricht täglich höchstens eine Stunde. Die restliche Zeit arbeiten sie mit Unterstützung ihrer Eltern oder einem eigens dafür angestellten Hauslehrer an den schriftlichen Unterlagen, die ihnen per Post und Internet zugestellt werden.

Um den Kindern auch den sozialen Austausch zu ermöglichen und damit sie ihre Klassenkameraden kennenlernen können, werden drei- bis viermal im Jahr einwöchige Treffen organisiert, beispielsweise in Form einer Sportwoche oder gegenseitiger Besuche.

Typisch für die Wüsten Zentralaustraliens sind der immergrüne Desert Oak (auf Deutsch Wüstenkasuarine) und das spitzige Spinifexgras. Uns kommt es vor, als hätte ein Künstler grüne und gelbe Farbtupfer in diese rote Sandwüste gemalt. Wir sind unterwegs ins rote Zentrum von Australien, zum Ayers Rock oder Uluru, wie ihn die Ureinwohner Australiens nennen. In Scharen kommen die Touristen hierher, um auf diesen riesigen Felsen zu klettern oder sich das Licht- und Farbenspiel bei Sonnenauf- und -untergang anzusehen.

Für die Aborigines hat der Uluru eine viel tiefer gehende Bedeutung. Für sie ist er ein heiliger Ort und wie so viele andere markante Punkte in der Landschaft auch, ist er ein Beweis für das Schaffen der Urwesen.

Im südlichen Australien wird die Landschaft wieder grüner.

Um den Wunsch der Aborigines zu respektieren, verzichten wir auf die Besteigung des Ayers Rock. Dafür werden wir bei Sonnenuntergang mit einem Naturspektakel in den schönsten Regenbogenfarben belohnt. Die einzelnen Wolkenschiffe vom Nachmittag haben sich zu einer Gewitterfront formiert und entladen sich nun genau über dem roten Felsen.

Lästige Fliegen als Touristenattraktion

Auf halben Wege zwischen Alice Springs und Adelaide liegt Coober Pedy im sonnendurchglühten Outback. Seine Existenz verdankt dieses verstaubte Nest den reichen Opalvorkommen in der Gegend. Die Trostlosigkeit, die dieser Ort ausstrahlt, spiegelt sich auch in der umliegenden Landschaft. Von Coober Pedy aus machen wir einen Ausflug zu den Breakaways, einer Landschaft aus Sandstein, die je nach Tageszeit in den vielfältigsten Farben leuchtet. Auf staubiger Piste steuern wir unsere Betty durch eine karge, trostlose Mondlandschaft, bis wir auf einen Zaun treffen, der sich irgendwo in der Weite des Horizonts verliert. Hier aber gibt es weder Kühe noch Schafe, wozu also dieser Zaun? Es handelt sich um den sogenannten Dog Fence, einen 5320 Kilometer langen Maschendrahtzaun, der sich von Queensland durch den halben Kontinent bis an die Great Australian Bight, die Große Australische Bucht, in Südaustralien erstreckt. Der Zaun hat nur den Zweck, die Dingos, die australischen Wildhunde, davon abzuhalten, in die südlich davon gelegenen Schaffarmgebiete vorzudringen.
Er wurde Ende des 19. Jahrhunderts errichtet und wird bis heute periodisch kontrolliert und instand gehalten.
Einmal campen wir auf einem Rastplatz etwas abseits der Straße und sind gefangen vom Zauber einer sternenklaren Nacht in der Wüste. Yvonne will eben das Becken mit dem Abwaschwasser, das auf dem Boden steht, ausschütten, als mir ihr Aufschrei in die Knochen fährt. Was ist passiert? Im dem Moment, als sie das Becken mit dem Wasser packen wollte, hat sich etwas in Richtung des nahen Busches fortbewegt. Wir sehen nach und entdecken eine schwarze Schlange, die sich unter einem Strauch versteckt. Laut unserem Buch über die australische Tierwelt handelt es sich dabei um einen Taipan,

Der »Dog Fence« schützt die Schaffarmen vor Dingos, den australischen Wildhunden.

eine der giftigsten Schlangen überhaupt. Während ich Yvonne weiter darüber aus dem Buch vorlese, lässt eine plötzlich aufkommende Windbrise das über die Stuhllehne gehängte Handtuch auffliegen und meinen Ellbogen berühren. Erschrocken fahre ich hoch, weil ich in diesem Moment glaube, die Schlange sei zurück. Nun ist es vorbei mit dem gemütlichen Draußensitzen. Wir verziehen uns in die sichere »Wohnstube«.

Das unbeschwerte Reisen in Australien genießen wir noch wie am ersten Tag und entdecken dabei immer wieder Neues und Überraschendes. Wir haben aber auch gelernt, dass australische Sehenswürdigkeiten mit Vorsicht zu genießen sind. Meist liegen diese ja nicht nur ein paar Kilometer, sondern gleich Tagesreisen voneinander entfernt und nicht selten müssen wir, am Ziel angelangt, mit Ernüchterung feststellen, dass das Angetroffene bei Weitem nicht unseren Erwartungen entspricht.

Aber die Australier sind nun einmal Weltmeister, wenn es um die Vermarktung von Touristenattraktionen geht. Das geht so weit, dass selbst mit den lästigen Fliegen Touristenfang betrieben wird. Obwohl von jedem Australienreisenden verwünscht, weil man ständig von Heerscharen von ihnen umschwärmt wird und sie sich am liebsten in den Augen, Ohren oder der Nase verkriechen wollen. Die wilden Handbewegungen, mit denen man ständig versucht, diese lästigen Viecher zu vertreiben, haben sich die Australier zunutze gemacht und zur offiziellen Begrüßungsform erklärt, dem sogenannten Aussie-Gruß.

Als wir nun nach Glendambo kommen, lesen wir am Eingang dieses 30-Seelen-Ortes, dass es hier nebst 22 500 Schafen auch noch circa zwei Millionen Fliegen gebe. Wie wir feststellen sollten, eine maßlos untertriebene Zahl, aber schließlich soll es ja nicht abschreckend wirken und sich doch gigantisch und originell genug anhören, um Durchreisende zu einem Zwischenstopp zu bewegen.

Im Ikara-Flinders Ranges National Park erwartet uns eine urwüchsige und kontrastreiche Felsenlandschaft mit wüstenartigen, sanft gewellten Hochebenen, bewaldeten Berghängen, Schluchten und dem natürlichen Amphitheater Wilpena Pound.

Im südlichen Australien wird es allmählich grüner und die Landwirtschaft rückt mit Getreidefeldern und Viehzucht

Die »Great Ocean Road« ist ein Kurvenerlebnis der besonderen Art.

vermehrt in den Vordergrund. Um das Grundwasser hochzupumpen, drehen sich hier überall Windmühlen und es scheint unzählige Tannenzapfenechsen zu geben. Wenn man ihnen zu nahe kommt und sie sich dadurch bedroht fühlen, reißen sie das Maul weit auf und strecken ihre blaue Zunge heraus. Leider kleben auch viele von ihnen, plattgedrückt vom Verkehr, auf der Straße.

Zwischen Warrnambool, einem ehemaligen Walfängerhafen, und dem Surferparadies Torquay folgen wir der Great Ocean Road. Wenn sie auch sehr touristisch ist, verzaubert uns diese kurvenreiche Küstenstraße dennoch mit ihren herrlichen Ausblicken auf die steile Küstenlandschaft Südaustraliens. Idyllisch gelegene Leuchttürme laden zu Abstechern ein und immer wieder staunen wir über die durch Wind und Wasser geschaffenen Felsformationen wie etwa die berühmten Twelve Apostles, The Arch oder London Bridge. Über weite Strecken verläuft die Great Ocean Road aber auch durchs Hinterland: vorbei an Schaf- und Rinderfarmen sowie durch ausgedehnte Regenwälder mit Eukalyptusbäumen und zahlreichen Wasserfällen. Wir beobachten Glühwürmchen, Ameisenigel und Koalabären in freier Wildbahn.

Die Felsformation »Twelve Apostels« vor der Steilküste Südaustraliens

Im Südosten von Australien wandern wir durch ausgedehnte Wälder mit Eukalyptus- und Farnbäumen.

Einzigartig ist die Tierwelt Australiens, beispielsweise mit Koala (links) und Australische Wasseragame (rechts).

Beim Schnabeligel handelt es sich um ein Eier legendes Säugetier mit einem Beutel für das Junge (unten).

Einen Bären aufgebunden und Cervelats als Weihnachtsschmaus

Selbst nach acht Monaten hält die Tierwelt Australiens immer noch Überraschungen für uns bereit. Erst kürzlich hat uns ein Australier von den selten gewordenen Fallbären (Drop Bears) erzählt, nahen Verwandten der Koalabären. Ein außergewöhnliches Merkmal dieser Tiere sei ihr dick gepolstertes Hinterteil. Damit seien sie in der Lage, ihre Opfer bewusstlos zu schlagen, wenn sie sich von den Bäumen auf ihre Beute fallen ließen. Gleichzeitig schütze sie das dicke Fettpolster vor Verletzungen. Immer wieder seien auch unwissende Touristen betroffen. Liege das Opfer dann bewusstlos am Boden, versammele sich die ganze Fallbärenkolonie zum gemeinsamen Festschmaus.

Irritiert von dieser Geschichte, vor allem weil die knuddeligen Koalas mit solch gefährlichen Tieren in Verbindung gebracht werden, forschen wir im Internet, um mehr Informationen über diese sonderbaren Kreaturen zu bekommen. Dabei gelangen wir zu der Erkenntnis, dass man uns einen Bären aufgebunden hat: Die Fallbären sind nichts weiter als australische Folklore, eine Erfindung, mit der man ausländische Touristen erschrecken will. Andere behaupten, sie seien erfunden worden, um die Kinder davon abzuhalten, unter Eukalyptusbäumen zu spielen. Diese Bäume haben nämlich die Eigenart, ganz plötzlich und ohne Vorwarnung ihre dicken alten Äste fallen zu lassen. Fazit dieser Geschichte ist, dass man im Internet Informationen über alles Mögliche und

Badestrände und Regenwälder: der Wilsons Promontory Nationalpark ist ein beliebtes Ausflugsziel.

Unmögliche finden kann, gleichzeitig wird es in der heutigen Zeit immer schwieriger, an Märchen zu glauben.
Wir sind beide keine ausgesprochenen Stadtmenschen, aber dennoch bieten Metropolen auf einer Reise immer eine willkommene Abwechslung und wir kommen wieder einmal so richtig unter die Leute. Melbourne ist eine Stadt, die uns besonders gut gefällt. Wir genießen es, in einem der zahllosen Straßencafés zu sitzen, einen guten Cappuccino zu schlürfen und dabei den Alltag auf uns wirken zu lassen. Musikanten geben ihr ganzes Repertoire zum Besten, Straßenkünstler bringen Passanten zum Staunen, dazwischen Mütter mit Kinderwagen, Bürohengste, Touristen, Obdachlose und Modebewusste, Freaks, Teenager und was sonst noch alles in einer Stadt unterwegs ist. Nicht nur in den Gesichtern der Menschen spiegelt sich das Multikulturelle dieser Stadt, auch kulinarisch kann man hier durch die ganze Welt reisen. Wir machen eine Rundfahrt mit der nostalgischen Straßenbahn und betrachten die Stadt vom 55. Stockwerk der Rialto Towers aus der Vogelperspektive. Die weißbärtigen Weihnachtsmänner und die geschmückten Tannenbäume mögen bei den sommerlichen Temperaturen fehl am Platz wirken, doch steht Weihnachten auch hier bald vor der Tür. Wir jedoch schätzen uns privilegiert, dass uns der damit verbundene Geschenkerummel auch in diesem Jahr nichts angeht.

Wir sind beide keine Stadtmenschen, aber Metropolen bieten auf einer Reise immer eine willkommene Abwechslung

Die Weihnachtstage verbringen wir am Turon River in der Nähe des kleinen Goldgräberstädtchens Sofala. Als hier im Jahr 1851 Gold gefunden wurde, zählte der Ort schon bald 40 000 Einwohner, heute sind es weniger als 50. Doch gilt Sofala als der älteste überlebende Goldgräberort Australiens, denn noch immer finden Goldsucher hier ihr Glück in Form eines kleinen Nuggets. Auch wir wollen unser Glück beim Goldwaschen versuchen. Als wir aber den Bach fast ausgetrocknet vorfinden, geben wir unser Vorhaben schnell wieder auf und genießen stattdessen einfach nur das Camperleben. Einmal mehr gibt es an Weihnachten für uns weder Baum noch Geschenke, dafür freuen wir uns umso mehr auf unser Festtagsmenü: Brühwürste am Stock über der Glut gebraten. Im Supermarkt als »Knackwurst« angepriesen, sehen

Der Südosten von Australien ist ein wichtiges Schafzuchtgebiet.

diese nicht nur aus wie die Schweizer Cervelats, sondern schmecken auch genau so. Leider wird dann ein paar Tage vor Weihnachten, wegen der großen Trockenheit und Hitze, ein »Total Fire Ban« verhängt. Das heißt, jede Art von Feuer im Freien ist verboten. So brutzeln wir unsere Cervelats mit Käse gefüllt und Speck umwickelt in der Bratpfanne und servieren dazu knusprige Bratkartoffeln sowie ein Glas Wein aus der Kartonbox. Während wir dann die Sterne über uns betrachten, reisen wir in Gedanken zu Familien und Freunden in die wahrscheinlich winterliche Schweiz.

Volksfest mit Wildwest-Atmosphäre

Was bei uns die Kirmes, ist in Australien das Rodeo. Eine solche Veranstaltung ist immer ein ganz besonderes Spektakel: ein Volksfest mit Wildwest-Atmosphäre. Hier treffen sich Jung und Alt und neben dem Sport steht vor allem die Geselligkeit im Vordergrund.

Als wir in Picton ein Rodeo besuchen, treffen wir auf unsere Freunde Anita und Markus, die Australien mit ihrem Motorrad bereisen. Nach und nach füllen sich die Zuschauerränge, Countrymusik dröhnt aus den Lautsprecherboxen und es

Rodeo in Picton, ein Volksfest mit Wildwest-Atmosphäre

duftet nach gegrilltem Fleisch. Am Rande des Geschehens bereiten sich die Wettkampfteilnehmer auf ihren Einsatz vor. Die verschiedenen Disziplinen, in denen beim Rodeo um Punkte gekämpft wird, sind auf die traditionellen Arbeiten eines Cowboys zurückzuführen, wie das Einreiten von wilden Pferden oder das Einfangen von Rindern. Rodeo ist nach wie vor ein von Männern dominierter Sport, weibliche Teilnehmerinnen sind die Ausnahme, außer beim Barrel Race. Diese Disziplin ist ganz den Cowgirls vorbehalten. Hierfür werden drei Ölfässer in einem Dreieck in der Arena aufgestellt, die in einem kleeblattartigen Muster umritten werden müssen. Dabei sind viel Geschicklichkeit und reiterisches Können gefragt. Der Höhepunkt eines jeden Rodeos ist sicherlich das Bullenreiten. Keine andere Disziplin verspricht so viel Action und Unterhaltung für das Publikum. Acht Sekunden lang muss sich der Reiter auf dem Rücken des Bullen halten, welcher natürlich mit allen Kräften und wilden Sprüngen dagegen angeht, und darf sich dabei nur mit einer Hand an einem Seil, der sogenannten Bull Rope, festhalten. Erst dann ist der Ritt gültig und wird mit Punkten bewertet, die sich aus der Beurteilung von Stil und Kontrolle des Ritts sowie der Wildheit des Bullen zusammensetzen.

Das Bullenreiten gilt als Königsdisziplin im Rodeosport.

Ursprünglich hatten wir geplant, unseren Bus von Australien aus wieder in Richtung Heimat einzuschiffen. Doch nun haben wir uns kurzfristig umentschieden und wollen über Japan und Russland zurück nach Europa fahren. Der Grund liegt darin, dass die Verschiffung nach Japan um ein Vielfaches günstiger ist als in einen europäischen Hafen. Zudem habe ich schon immer davon geträumt, Japan zur Kirschblüte zu besuchen, und Yvonne möchte gern die Mongolei bereisen. Also schicken wir unseren Bus schließlich mit dem Schiff von Sydney nach Kobe in Japan.

Der Rodeo-Clown sorgt für Unterhaltung zwischendurch.

Blick auf Sydney, Australien

AMP
AXA AUSTRALIA

Hafenbrücke links und Opernhaus rechts, zwei Wahrzeichen von Sydney

Circular Quay

Penang – quirlige Stadt und ein Bett voller Wanzen

Auf unserem Weg nach Japan legen wir einen Zwischenstopp in Malaysia ein und bleiben ein paar Tage in Georgetown auf der Insel Penang. Im Hotel, in dem wir absteigen, teilen wir uns das Bett mit Wanzen. Während Yvonne am nächsten Morgen total zerstochen aufwacht, hat mich nicht ein einziger dieser kleinen Blutsauger gebissen. 1786 als erster britischer Handelsposten im Fernen Osten errichtet, schaut Penang heute auf eine reiche Geschichte zurück und Georgetown hat sich zu einer quirligen Stadt entwickelt. Die multikulturelle Toleranz von damals spiegelt sich noch heute in den Gesichtern der Menschen. Hier leben Hindus, Christen, Buddhisten und Muslims auf engstem Raum zusammen. Ein Spaziergang durch die Altstadt von Georgetown ist wie eine Zeitreise zurück in das alte Asien. In den zweistöckigen Ladenhäusern im chinesischen Viertel kann man von traditioneller Medizin bis zu Billigramsch alles

Georgetown, eine Stadt mit einem multikulturellen Gesicht in Malaysia (oben)

Mit einem Miet-Scooter erkunden wir die Insel Penang (oben rechts).

Im Chinatown von Georgetown (rechts)

PJL 278

東發
KEDAI BAG
KWAN HIN LOONG
SDN. BHD.
均興隆皮箱
公司 有限
LUGGAGE
BAG
THO YUEN
桃園茶樓雜飯
PHARMACY

bekommen, unter den Arkaden dampft es aus den Töpfen und auf den Märkten gibt es eine sinnesbetäubende Vielfalt an Früchten und Gemüse, hier werden Frösche, Hühnerfüße und 100 Jahre alte Eier zum Kauf angeboten. Nur ein paar Häuserblocks weiter tauchen wir in Little India in die Faszination Indiens ein, das hier mit all seinen Farben, Gerüchen und Klängen lebendig wird.
Der Kuan Yin Tempel, der um 1800 von den ersten chinesischen Siedlern erbaut wurde, ist noch heute für viele Zentrum des Alltagslebens. Zu jeder Tageszeit trifft man hier Gläubige unterschiedlichen Alters und aus allen sozialen Schichten, die hierherkommen, um Räucherstäbchen und Kerzen anzuzünden, Opfer darzubringen oder sich von einem Priester segnen zu lassen. Immer ist der Tempel in Rauch gehüllt, der in den Augen brennt. Doch viel Rauch ist gut, um Kuan Yin, die Göttin der Gnade, zu besänftigen, damit sie dem Glück und der Geburt eines Stammhalters nicht im Wege steht. Immer wieder kehren wir hierher zurück, um diese einzigartige Stimmung auf uns wirken zu lassen.

Zu jeder Tageszeit gut besucht: der Kuan Yin-Tempel in Georgetown

Nicht nur kulinarisch gibt es für uns in Japan viel Neues zu entdecken.

In den Mühlen der japanischen Bürokratie

Als unser Flugzeug in Tokyo auf der Landebahn aufsetzt, während draußen ein kleiner Schneesturm tobt, wissen wir gleich, dass wir wieder mal in einer ganz anderen Welt angekommen sind. Die Einreise nach Japan klappt reibungslos. 75 Minuten braucht der Zug vom Flughafen ins Stadtzentrum von Tokyo, wo wir im Stadtteil Asakusa schließlich eine billige Bleibe finden. Ein paar Tage brauchen wir, um uns mit all dem Neuen in Japan vertraut zu machen. Auf eine derart fremdartige Welt zu treffen, ist natürlich äußerst faszinierend und die kulinarischen Entdeckungen sind ein Genuss.

Ein paar Tage später schlendern wir in den frühen Morgenstunden über den Tsukiji-Fischmarkt, sind total fasziniert und können uns nicht sattsehen an dem hektischen Treiben. Wir kommen uns vor wie mitten in einem Ameisenhaufen. Überall sind Menschen, Fische werden filetiert, geschuppt, zerlegt,

Nächtliches Lichterspektakel in der japanischen Metropole Tokyo

zersägt und auf Handkarren durch den Markt gezogen. Vorsicht ist geboten, um nicht von den Hunderten von knatternden Motorkarren überfahren zu werden, die kreuz und quer durch das Marktgetümmel flitzen.
Der Tsukiji gilt als der weltweit größte Fischmarkt. Hier wechseln jeden Tag mehr als 2000 Tonnen Fisch und anderer Meerestiere den Besitzer. Es werden rund 450 verschiedene Sorten mit einem täglichen Umsatz von mehr als 20 Millionen Euro gehandelt. Dies entspricht einem Drittel des gesamten japanischen Verbrauchs. Ein Höhepunkt des bunten Treibens ist sicherlich die Versteigerung Hunderter Thunfische. Während Großhändler auf Kisten stehend ihre Ware lautstark an lizenzierte Käufer bringen, gehen Händler durch die langen Reihen auf Brettern gelagerter und bis zu 300 Kilogramm schwerer Thunfische und prüfen, mit metallenen Haken und Taschenlampe ausgerüstet, die Qualität der angebotenen Waren. Sie schlagen Kerben ins Thunfischfleisch, um den Fettgehalt zu bestimmen. Je mehr Fett ein Fisch hat, umso besser ist sein Geschmack.

Thunfische liegen auf dem Tsukiji-Fischmarkt in Tokyo zum Versteigern bereit.

Es gibt Pläne, den Fischmarkt vom Stadtteil Tsukiji in den zwei Kilometer weiter südlich gelegenen Stadtteil Toyosu zu verlegen, da für die Olympischen Sommerspiele 2020 hier eine neue Stadtautobahn entstehen soll.

Von Tokyo bringt uns eine achtstündige Busfahrt nach Kobe, wo in den nächsten Tagen der Frachter mit unserer Betty im Laderaum aus Australien eintreffen soll. In Kobe genießen wir das Gastrecht bei Sumie und Herbert Bucher, werden herumgeführt und mit allen möglichen japanischen Spezialitäten verwöhnt. Herbert ist im selben Ort aufgewachsen wie ich und lebt seit fast 20 Jahren in Japan.

Planmäßig trifft nach einem Monat unser Auto ein. Als wir aber unser Haus auf Rädern abholen wollen, geraten wir in die Mühlen der japanischen Bürokratie, bekommen einen Einblick in den japanischen Arbeitsalltag und finden uns nur Dank Sumies Dolmetscherdiensten zurecht. Die japanische Gesellschaft orientiert sich an klaren Strukturen, jede Art von Individualismus wird bereits in ihren Anfängen erstickt und jeder hat in seiner Arbeit zu funktionieren. Und so werden wir bei unserem Versuch, unseren Bus aus dem Zoll freizubekommen, immer wieder damit vertröstet, dass unsere Frachtpapiere noch nicht fertig seien. Nach fast einer Woche fadenscheiniger Ausreden erhalten wir dann die Hiobsbotschaft, dass es uns nicht erlaubt sei, mit unserem Auto auf Japans Straßen zu fahren, weil die Schweiz 1949 die sogenannte Convention on Road Traffic nicht unterzeichnet habe. Wir regen uns darüber natürlich maßlos auf, bewahren aber, wie es der japanischen Kultur entspricht, äußerliche Ruhe und fragen mit einem aufgesetzten Lächeln nach möglichen Alternativen. Wieder werden wir vertröstet, denn jede Frage wird in Japan erst einmal ergründet und nach allen Seiten abgeklärt, um ganz sicher zu sein und ja keinen falschen Schritt zu machen. Kompetenzen und Entscheidungen sind in diesem Land ausschließlich Chefsache. Immer wieder können wir nur die Köpfe schütteln, wenn wir mitbekommen, wie umständlich in der Verwaltung gearbeitet wird, und fragen uns, wie Japan es unter diesen Umständen zu einer derartigen Wirtschaftsmacht bringen konnte.

Wirkliche Alternativen kann uns niemand nennen. Unsere Betty durch eine technische Abnahme und die anschließende Registrierung für den japanischen Straßenverkehr zu legalisieren, können wir gleich vergessen. Die damit verbundene Liste von Verpflichtungen für Ausländer wäre nur sehr schwer, wenn überhaupt, zu erfüllen. Unseren Bus aufs nächste Schiff zu verladen und in ein anderes Land zu schicken – auch dies ist keine Lösung.

Wenn sich niemand traut, eine Entscheidung zu treffen und wir je wieder aus dieser Mühle der Bürokratie herauswollen, müssen wir die Fäden selbst in die Hand nehmen und über unser Schicksal entscheiden. Unsere Situation gleicht der eines Getreidekorns, das in der Mühle zu Mehl gemahlen werden soll. Wenn es Glück hat, fällt es durch eine Ritze nach draußen, ansonsten wird es zwischen den Mühlsteinen zermalmt. Da der Einfuhr unserer Betty nach Japan nichts im Wege steht – verboten ist uns nur, damit auf Japans Straßen herumzufahren –, organisieren wir einen Autotransporter und holen den Bus im Hafen ab. Als Begründung geben wir an, das Auto auf dem Parkplatz eines Freundes abstellen zu wollen, weil wir uns die hohen Hafengebühren nicht länger leisten können. Dass wir in Wirklichkeit am darauffolgenden

Speisekarte auf Japanisch und Plastik-Menüs in einem Schaufenster

Tierisch gute Mode, im wörtlichen Sinn …

たぬきそば
二九〇円
三五〇円
天そば
三三〇円
ミニカレー丼セット
(かけ・もり)
五〇〇円
(税込)
ミニ鳥カラ丼セット
(かけ・もり)

Lee

Tag mit unserem Bus auf eine Rundreise durch Japan starten, interessiert niemanden mehr.

Wie heißt es so schön: Wenn einer eine Reise tut, dann kann er was erzählen. Selbst Alltägliches kann zu einer spannenden Erfahrung werden, wie etwa der tägliche Gang zur Toilette. Übernachten wir in der Natur, haben wir für diesen Fall einen Klappspaten im Bus, ansonsten sind wir auf ein öffentliches WC angewiesen.

Weil sie uns unbezahlbar erscheinen, meiden wir die japanischen Autobahnen.

In Indien, wo schätzungsweise nur ein Viertel aller Haushalte über eine Toilette verfügt und öffentliche WC-Anlagen fast nicht existieren, war es nicht immer ganz einfach für uns, besonders für Yvonne. Schnell mal unbeobachtet in die Büsche zu verschwinden, das ist in Indien, wo es überall Menschen gibt, kein leichtes Unterfangen. Die Inder dagegen haben damit weniger Probleme. Für uns war es immer amüsant, frühmorgens unterwegs zu sein. Dann begegneten wir überall Menschen, die mit einer Flasche Wasser ausgerüstet waren. Wir konnten sie in den Feldern, entlang von Bahngleisen oder sonstwo hocken sehen, mal allein, dann wieder zu zweit, ein Plauderstündchen haltend. Und alles mit einer stoischen Ruhe und Selbstverständlichkeit.

Im indischen Goa, wo wir ein paar Tage Strandferien machten, dienten die Büsche im hinteren Bereich des Campingplatzes als WC-Anlage. Die dort lebenden Schweine hat es gefreut und sie haben sich an unseren Hinterlassenschaften gütlich getan. Für uns mit ein Grund, warum wir uns in Indien fast ausschließlich vegetarisch ernährt haben.

In Australien dagegen gab es auch schon mal ganz moderne Toiletten. Per Knopfdruck ließ sich die Tür öffnen, schloss sich hinterrücks automatisch und man wurde von einer Stimme begrüßt und darauf hingewiesen, dass man nun maximal zehn Minuten Zeit habe, um sein Geschäft zu verrichten.

Dies ist nun in Japan alles kein Problem mehr, wo es fast an jeder Straßenecke eine öffentliche Toilette gibt. Morgens dürfen wir uns auf eine warm beheizte WC-Brille setzen, per Knopfdruck wird der Hintern saubergewaschen, und das alles ohne Zeitvorgabe.

Weil sie uns unbezahlbar erscheinen, meiden wir die japanischen Autobahnen und müssen uns dafür auf den überfüllten Hauptstraßen immer wieder in Geduld üben.

Das Fahren erweist sich als ziemlich mühsam. Es gibt viel zu viel Verkehr für die oftmals sehr engen Straßen, da nützen auch die mehrstöckigen Brücken nichts, um den Verkehr im Fluss zu halten. Für uns kommt erschwerend dazu, dass viele Wegweiser nur japanisch beschriftet sind. Wir orientieren uns gleichzeitig anhand von zwei verschiedenen Straßenkarten, eine mit japanischen Schriftzeichen, die andere haben wir aus der Schweiz mitgebracht. So müssen wir ständig vergleichen und entziffern, dann wieder orientieren wir uns an den Straßennummern.

Von heißen Quellen, Tempeln und Geishas

In Tokoname besuchen wir Kayo und Kenji Mizuno. Kenji habe ich 1997 auf einer Tour durch Südamerika kennengelernt. Wie ich war auch er damals mit einem Motorrad unterwegs. Als er erfahren hat, dass wir nach Japan kommen, hat er uns zu sich eingeladen, damit er uns »real Japan« zeigen könne.

Die zwei Lieblingsbeschäftigungen der Japaner: die japanische Küche und das japanische Badehaus.

Unter fachkundiger Führung machen wir einen Spaziergang durch Tokoname, besuchen das lokale Kirschblütenfest und gehen im verträumen Töpferviertel auf Entdeckungsreise. Einen halben Tag versuchen wir uns dann selbst in diesem Handwerk und nehmen zusammen mit Kayo an einem Töpferkurs teil.

Unsere beiden Gastgeber sind überzeugt, dass wir uns mit den zwei Lieblingsbeschäftigungen der Japaner auseinandersetzen müssen, um das wirkliche Japan zu erfahren. Dazu gehören die japanische Küche und der Onsen, das japanische Badehaus. Beides wollen uns Kayo und Kenji näherbringen. Entsprechend werden uns alle möglichen und unmöglichen Leckereien aufgetischt und wir besuchen bei jeder Gelegenheit einen Onsen. Und diese Gelegenheiten gibt es in Japan sehr häufig. Das ganze Land liegt nämlich in einem vulkanisch aktiven Gebiet mit entsprechend vielen Thermalquellen, welche die Badehäuser mit heißem Wasser versorgen. Ein Bad im Onsen ist für die Japaner nicht nur Erholung, sondern auch wichtiger Bestandteil ihrer Kultur.

Kayo und Kenji machen mit uns einen Ausflug nach Kyoto, in die alte Kaiser- und ehemalige Hauptstadt. Mit ihren zahllosen buddhistischen Tempeln und shintoistischen Schreinen gilt diese heute als kulturelles und historisches Zentrum Japans und ist einer der meistbesuchten Orte des Landes.

Wie sehr haben wir uns doch darauf gefreut, Japan während der Kirschblüte zu bereisen, dabei aber nicht bedacht, dass in dieser Zeit auch Heerscharen sich selbst fotografierender japanischer Touristen zu allen Sehenswürdigkeiten pilgern würden. So auch in Kyoto. Wo wir hinkommen, überall herrscht eine Hektik und Geschäftigkeit, die die Atmosphäre in den alten Tempeln erstickt, nirgends finden wir eine Insel der Ruhe. Stattdessen sind wir gezwungen, uns im Strom der Menschenmassen vorwärts zu bewegen. In den Parks sitzen die Menschen dicht gedrängt auf Plastikplanen unter den blühenden Kirschbäumen und feiern bei Sake und Sushi feuchtfröhliche Hanami-Partys.

Im Stadtteil Gion tauchen wir in die langsam verschwindende Welt der Geishas ein. Mit ihrer außergewöhnlichen Erscheinung, den weiß geschminkten Gesichtern und den farbenprächtigen Kimonos haben diese bezaubernden Frauen etwas Geheimnisvolles an sich. Geishas sind eine Art Gesellschaftsdamen. Ihre Aufgabe besteht darin, die männlichen Gäste mit kurzweiligen Gesprächen, Liedern, Tänzen und kleinen Kunststücken zu unterhalten. Davon leitet sich auch der Begriff Geisha ab, was so viel heißt wie »eine Person, die in der Kunst bewandert ist«.

Hiroshima – eine Stadt für den Frieden

Über Osaka und Okayama kommen wir nach Hiroshima. Hier besuchen wir den Friedenspark, eine Gedenkstätte für den 6. August 1945. Damals explodierte über der Stadt die erste als Waffe eingesetzte Atombombe. In einem Umkreis von zwei Kilometern um das Epizentrum wurde die Stadt dem Erdboden gleichgemacht. Durch die enorme Druckwelle und eine Hitzestrahlung von bis zu 5000 Grad kamen 80 000 Menschen ums Leben, bis zum Ende des Jahres stieg deren Zahl gar auf 140 000 an. Ganz zu schweigen von all den menschlichen Schicksalen, die durch die Spätfolgen der radioaktiven Strahlung in den folgenden Jahrzehnten hinzukamen.

Diese Tragödie veranlasste die Menschen in Hiroshima, sich vermehrt für den Weltfrieden einzusetzen und für eine Welt ohne Nuklearwaffen einzutreten. Nebst anderen kleineren Gedenkstätten wurde der »Atombomben-Dom«, die Überreste

Ein Rotgesichtmakake genießt sein Bad in einer heißen Quelle.

der einstigen Industrie- und Handelskammer, als Mahnmal für die ganze Welt stehen gelassen und darum herum der Friedenspark geschaffen. Die Ausstellung im dazugehörenden Museum zeigt auf eindrückliche Art die schrecklichen und unmenschlichen Auswirkungen dieser Tragödie. Am Ende sind wir aufgewühlt und nachdenklich.
Die Straße wendet sich nach Norden und führt ins Landesinnere. Vermehrt treten nun grüne bewaldete Hügel in den Vordergrund, während sich in den flacheren Talböden, zwischen den ländlich wirkenden Dörfern, ein Flickenteppich aus abgeernteten Reisfeldern erstreckt. Im Herzen der japanischen Hauptinsel Honshu liegen die Japanischen Alpen. Die Stadt Nagano war 1998 Austragungsort der Olympischen Winterspiele und ist deshalb heute für viele ein Begriff. Wir aber interessieren uns weniger für die Stadt als vielmehr für die beeindruckende Landschaft drum herum mit ihren schneebedeckten Berggipfeln und rauschenden Gebirgsbächen. Und wir besuchen den Jigokudani-Affenpark. Etwa 200 frei lebende Rotgesichtmakaken tummeln sich hier mitten in der Natur. Unbeeindruckt von den Massen von Touristen, spielen die Tiere auf den umliegenden Felsen oder genießen ein Bad in den heißen Quellen.

Ein japanisches Theaterstück mit Fuji-Kulisse

Am Kawaguchiko-See, nördlich des Fuji, lernen wir Sachiko und Manfred Ikeda kennen, sie ist Japanerin, er Österreicher. Wieder einmal bereitet uns unsere Betty Sorgen. In einer Werkstatt müssen wir einige Kipphebel austauschen lassen, weil der Motor angefangen hatte, komische Geräusche von sich zu geben, die mit der Zeit immer stärker wurden. Nachdem man uns versichert hat, dass nun alles wieder in Ordnung sei, machen wir uns weiter auf den Weg und bleiben 130 Kilometer später mit einer gebrochenen Kipphebelwelle genau vor einer Werkstatt liegen. Weil sich aber der Mechaniker die Reparatur nicht zutraut, lassen wir unser Auto wieder

Am Kawaguchiko-See präsentiert sich uns der Vulkan Fuji von seiner besten Seite.

in die Werkstatt nach Kawaguchiko zurückbringen, wo wir von Manfred abgeholt werden.

Wieder einmal kommen wir ungewollt zu ein paar Tagen Zwangsferien in Oishi am Kawaguchiko-See und dürfen in dieser Zeit bei Sachiko und Manfred wohnen. Wir sind froh mit Sachiko eine Dolmetscherin zu haben, wüssten wir doch nicht, wie wir uns sonst mit den Werkstatt-Leuten verständigen sollten.

In Oishi haben wir mit dem Fuji ein nationales Symbol, und mit 3776 Metern den höchsten Berg Japans, vor der Haustüre. Mit den Fahrrädern unserer Gastgeber erkunden wir die Umgebung, machen Spaziergänge am See und können uns

Shirakawa ist bekannt für seine im Gasshō-zukuri-Stil erbauten Wohnhäuser.

nicht sattsehen am Anblick dieses dominant in der Landschaft thronenden Vulkanriesen, den wir immer wieder aus neuen Perspektiven bewundern. Während wir den Fuji von allen Seiten bestaunen, bekommen wir auch ein kleines japanisches Theaterschauspiel geboten. An einem Morgen erscheint der Chef der Werkstatt persönlich im Haus der Ikedas und bittet Sachiko, sie möge doch bitte heute in der Werkstatt anrufen und dem Mechaniker, der sich um unseren Bus kümmern soll, etwas Druck machen, damit er mit seiner Arbeit schneller fertig werde. Weil er jünger ist als sein Angestellter, steht es ihm, selbst als Chef, in der japanischen Kultur nicht zu, diesem selber die Meinung zu sagen. Erst glauben wir, nicht zu verstehen, als Sachiko uns die Geschichte erzählt. Dann aber müssen wir schmunzeln. Wie heißt es doch so schön: Andere Länder, andere Sitten.

Charakteristisch für diesen Baustil sind die hohen, mit Stroh gedeckten Spitzdächer in der Form eines Dreiecks.

Wegen dieser pannenbedingten Verzögerung müssen wir unseren Plan, bis zur Insel Hokkaido hochzufahren, nun endgültig an den Nagel hängen, denn in drei Wochen fährt unsere Fähre von Sakaiminato nach Russland.

Die Straße windet sich malerisch durch eine grüne, bewaldete Hügellandschaft und bringt uns schließlich in das kleine, typisch japanische Bauerndorf Shirakawa, das inmitten von Reisfeldern und Gärten liegt. Shirakawa ist bekannt für seine alten, in der sogenannten Gassho-zukuri-Bauweise errichteten Wohnhäuser und gehört seit 1995 zum Weltkulturerbe der UNESCO. Charakteristisch für diesen Baustil sind die hohen, mit Stroh gedeckten Spitzdächer in der Form eines Dreiecks. Daher kommt auch der Name »gassho«, was so viel bedeutet wie »zum Gebet gefaltete Hände«. Die steil abfallenden Dächer verhindern, dass im Winter zu viel Schnee auf den Häusern liegen bleibt, wenn Winterstürme aus dem nahen Sibirien die Gegend unter einer bis zu vier Meter dicken Schneedecke begraben. Wir campen etwas oberhalb des Dorfes und glauben, in einer Märchenwelt gelandet zu sein.

Am nächsten Morgen spazieren wir ins Dorf, besuchen ein Freilichtmuseum und trinken in einem Rasthaus Tee, wobei wir wie zu früheren Zeiten ums offene Feuer sitzen.

Als am späten Vormittag immer mehr Busladungen mit Touristen eintreffen, ist es vorbei mit der Idylle. Wir fragen

Die steilen Dächer sollen verhindern, dass im Winter zu viel Schnee auf den Häusern liegenbleibt.

uns, wie wohl die Einheimischen damit umgehen, täglich von Heerscharen von Leuten angestarrt zu werden, von denen einige das Wort Privatsphäre nicht zu kennen scheinen. Uns jedenfalls wird es zu viel und wir ergreifen die Flucht.

Das kleine Japan kommt uns gegen Ende unseres Aufenthaltes immer einengender vor und wir vermissen die Stille der Natur. Doch hätten wir dieses Land mit seiner Andersartigkeit und seinen Gegensätzen nicht missen wollen. Ich spüre sogar so etwas wie Wehmut in mir hochkommen, als das Fährschiff den Hafen von Sakaiminato in Richtung Wladiwostok verlässt und wir Japan immer weiter hinter uns lassen. Im Gegensatz zur endlos langen Einreiseprozedur waren die Ausreiseformalitäten eine Angelegenheit von Minuten und wir müssen uns nun nicht mehr länger zu den Illegalen zählen.

Sibirien – Land der unendlichen Wälder

Die Fahrt durch Sibirien bringt uns in endlos scheinende, menschenleere Waldlandschaften.

Die Überfahrt nach Wladiwostok, mit Zwischenstopp in Südkorea, verläuft ruhig und die vorsorglich eingepackten Tabletten gegen die Seekrankheit erweisen sich als überflüssig.

Bei unserer Ankunft in Wladiwostok werden wir bereits von unseren russischen Freunden Julia und Andrej erwartet.

Sie lassen uns erneut die russische Gastfreundschaft und Herzlichkeit spüren. Unser Wiedersehen feiern wir mit einem Gläschen Samagon, hausgemachtem Schnaps, und schwelgen in den Erinnerungen an die Zeit, als sie uns vor ein paar Jahren in der Schweiz besucht haben. Wir leben wie die Zaren und bekommen bereits zum Frühstück Kaviar serviert.

In Wladiwostok erwartet uns aber auch die weniger vergnügliche russische Bürokratie – ein System, Perestroika hin oder her, wie zu vergangenen Sowjetzeiten. Die Zollformalitäten für unsere Betty lassen wir von Jurij, einem Agenten, erledigen

Wiedersehen mit Julia und Andrej in Wladiwostok

und können so unseren Camper bereits einen Tag später im Zolldepot abholen.
Zufällig treffen wir in Wladiwostok auch auf Ursi und Armando, Schweizer, die wir bereits in Australien getroffen haben und die mit einem umgebauten MAN-Lastwagen auf Tour sind. Gemeinsam nehmen wir das Abenteuer Russland in Angriff.
Endlos ziehen die Birkenwälder an uns vorbei, dazwischen gibt es bunte Blumenwiesen und nur ganz selten passieren wir kleine Dörfer. Im Rückspiegel sehe ich Ursi und Armando in ihrem weißen MAN hinter uns her rollen. Es ist eine ganz neue Erfahrung, jemanden im Schlepptau zu haben. Schnell stellt sich heraus, dass beim Zusammenreisen selbst kleinste Interessenunterschiede im Reisealltag bestimmend werden. Während unsere Reisebegleiter zügig ihrem nächsten Ziel, der Mongolei, entgegensteuern möchten, ist es uns wichtig, den Weg als Ziel zu haben. Wir fragen uns, wie viel Rücksicht sein muss. Dürfen wir schon wieder anhalten, um zu fotografieren? Wie weit fahren wir, bis wir einen Lagerplatz suchen? Selbst Orte für Toilettenpausen werden bewusster gewählt.

Je mehr Fahrzeuge, umso größer das Aufsehen, wenn man mit der lokalen Bevölkerung zusammentrifft. Uns überkommt jedes Mal ein ungutes Gefühl, wenn wir, um einzukaufen oder unsere Wasservorräte aufzufüllen, in ein Dorf fahren. Was denken die Menschen, die in ihrem Alltag ständig kämpfen müssen, um über die Runden zu kommen, wenn wir gleich im Konvoi angefahren kommen, obwohl es in einem Auto mehr als genug Platz für vier Personen gibt.

Erst seit Kurzem ist die Straße Moskau–Wladiwostok durchgehend befahrbar.

Das Reisen in der Gruppe hat natürlich auch seine Vorteile. Man bekommt eine gewisse Sicherheit im Falle einer Panne und außerdem genießen wir die Gesellschaft und die abendlichen Gespräche ums Lagerfeuer.

Ein paar Tage reisen wir zusammen, bis jeder wieder seiner eigenen Wege geht. Wir haben wohl alle gemerkt, dass unsere Interessen und die Art zu reisen zu unterschiedlich sind. Doch sind wir sicher, dass sich unsere Reisewege auch in Zukunft wieder kreuzen werden.

Die kleinen Lebensmittelläden in den sibirischen Dörfern haben noch immer ein bescheidenes Angebot, trotz stetig wachsendem Sortiment in den vergangenen Jahren. Gemüse und Früchte sucht man in den Läden meist vergebens, denn dies pflanzt jeder in seinem Garten selbst an. Um auch nur einen Teil dessen zu bekommen, was auf unserer Einkaufsliste steht, müssen wir oft mehrere Geschäfte aufsuchen. Einfacher ist es, wenn wir unsere Einkaufswünsche dem Angebot anpassen. Eine andere Schwierigkeit ist die Verständigung. Wenn uns mal wieder die russische Bezeichnung für Eier entfallen ist, gackere ich wie ein Huhn und forme gleichzeitig mit Daumen und Zeigefinger die Umrisse eines Eis. Amüsiert zieht die Frau hinter der Theke einen ganzen Karton mit Eiern hervor. Zwiebeln werden durch ein pantomimisches Schneiden mit gleichzeitigem Augenreiben dargestellt. So entwickle ich mich langsam zum Schauspieler. Wenn dann bei der Bezahlung wieder einmal das nötige Kleingeld fehlt, bekommen wir statt einer Münze einfach eine Schachtel Zündhölzer als Retourgeld.

Motorradgespanne sind in Russland sehr beliebt, weil sie ein billiges Transport- und Fortbewegungsmittel darstellen.

Für mich ist es die dritte Reise an den Baikalsee und doch vermag mich dieser Ort mit seiner Schönheit und Magie immer wieder zu fesseln. Man stelle sich einen See vor, groß genug, dass ein Fünftel des Süßwassers auf diesem Planeten darin Platz findet, dazu glasklar und umgeben von ursprünglicher Natur. Die warmherzigen Menschen, die an seinen Ufern wohnen, in den verträumten kleinen Dörfern mit den

МОСКВА
ВЛАДИВОСТОК

Влезать
здесь

Sibirien: Ganz selten passieren wir ein Dorf.

Der Baikalsee nimmt uns mit seiner Schönheit und Magie gefangen.

reich verzierten und in den buntesten Farben bemalten Holzhäusern, machen das Paradies perfekt. Hier pocht das Herz Sibiriens, wenn nicht gar des Universums, und man glaubt sich ganz nah an der Seele Russlands. Schade ist nur, dass die Menschen, wie überall im Land, auch hier die Natur als Abfalldeponie missbrauchen. Die meisten Russen scheint das nicht zu stören, sie lassen beispielsweise nach dem sonntäglichen Picknick alles stehen und liegen, was sie nicht mehr benötigen. Scheinbar will man dieses Problem nun angehen, denn in einigen Orten wurden Abfalleimer aufgestellt. Mit Erfolg, denn es liegt weit weniger Unrat herum als noch vor ein paar Jahren.

Immer wieder laden traumhaft gelegene Plätze zum Bleiben ein. Wir nehmen die Einladung an und lassen für ein paar Tage die Seele baumeln, lauschen der Musik der Natur und der Sinfonie des Baikal. Einmal laden mich zwei Fischer ein, mit ihnen hinauszupaddeln, um ihre Netz zu kontrollieren, und schenken mir dann auch noch eine Handvoll köstlicher Omule, eine Fischart, die es nur im Baikalsee gibt.

Immer wieder laden traumhaft gelegene Plätze zum Bleiben ein.

Einfach mal die Seele baumeln lassen ... (oben rechts)

Abendliche Sinfonie am Baikalsee (rechts)

Hier könnten wir es gut und gerne ein paar Tage länger aushalten. Doch wir müssen weiter, wollen wir doch pünktlich zum großen Naadam-Fest in der Mongolei sein.
Auf der Weiterfahrt machen wir halt in Ivolginsk, dem buddhistischen Zentrum von Russland. Gebaut wurde diese Tempelanlage in den 1960er-Jahren. Nicht aber, um hier wirklich den Buddhismus zu praktizieren, sondern um damit die religiöse Toleranz der Sowjetunion nach außen zu demonstrieren. Seit dem Ende der 1980er-Jahre leben allerdings wirkliche Mönche im Tempel, heute fünfzehn an der Zahl. Dazu kommen etwa 150 Studenten, die hier den Buddhismus studieren.

Ivolginsk, das buddhistische Zentrum von Russland.

150 Studenten werden hier im Buddhismus unterrichtet (rechts).

LU·194462

Naadam, das Sommerfest der Mongolen

Am Pferderennen nehmen Kinder in einem Alter zwischen 5 und 12 Jahren teil.

In Ulan-Ude besorgen wir uns ein mongolisches Visum und reisen über Kyachta in die Mongolei ein. Ganze fünf Stunden dauern die Einreiseformalitäten.

Zum Naadam fahren wir nach Baruunburen, das malerisch in einer weiten, hügeligen Steppenlandschaft gelegen ist. Naadam ist das größte Fest der Mongolen und findet jedes Jahr im Sommer statt. Sportveranstaltung und Volksfest zugleich, wird es überall im Land abgehalten. Hierbei messen sich die Mongolen in ihren drei traditionellen Sportarten: Ringkampf, Pferderennen und Bogenschießen. Die meisten Touristen besuchen die Festlichkeiten in der Hauptstadt Ulaanbaatar, wo das Ganze zum nationalen Großereignis wird – zu kitschig verpackt für unseren Geschmack und außerdem werden die Zuschauer auf Tribünen verbannt. Für uns hingegen ist Baruunburen genau der richtige Ort, um das Naadam-Fest zu erleben. Es ist klein, überschaubar und wir sind hautnah am

Der Ringkampf erfreut sich in der Mongolei großer Beliebtheit.

Geschehen dran. Zudem kommen wir hier auf unkomplizierte Art mit den Einheimischen in Kontakt. Der Festplatz befindet sich am Dorfrand. Von Jung bis Alt sind alle gekommen, um am alljährlichen Dorffest teilzuhaben. Die Einheimischen scheint es zu freuen, dass zwei Ausländer mit ihnen Naadam feiern. Immer wieder lassen wir uns auf einen Schwatz ein, auch wenn keiner ein Wort des anderen versteht. Doch Gesten oder ein Lächeln sagen manchmal mehr als Worte. Dann wieder offeriert man uns ein Gläschen Wodka oder eine Prise aus der Schnupftabakdose. Bogenschützen jedoch scheint es in Baruunburen keine zu geben, denn es finden nur Wettkämpfe im Ringkampf und im Pferderennen statt.
Der mongolische Volksmund sagt, dass der Mongole im Sattel geboren wurde. Dies zeigt sich uns deutlich, weil bereits die Jüngsten mit größter Selbstverständlichkeit auf ihren Pferden übers Festgelände traben. Am Pferderennen nehmen aber nur Kinder im Alter zwischen fünf und zwölf Jahren teil. Diese reiten teilweise ohne Sattel und Schuhe über die bis zu 25 Kilometer lange Renndistanz durch die Steppe.
Der Ringkampf ist der populärste Sport in der Mongolei. Mit schweren Stiefeln, einer an der Brust offenen Weste, einer Art

knapper Badehose und einer Spitzmütze aus Samt erscheinen die Ringkämpfer mit ausgebreiteten Armen und hüpfend auf dem Kampfplatz. Beim Ringkampf geht es darum, den Gegner aus dem Gleichgewicht zu bringen. Wenn dieser mit Ellbogen, Gesäß oder Knie den Boden berührt, ist der Kampf gewonnen. Als Zeichen des Respekts und der Ehrerbietung geht der Verlierer unter den adlerähnlich erhobenen Armen des Gewinners hindurch und löst dabei seine Weste. Der Sieger indessen führt wieder einen Adlertanz auf und bekommt als symbolisches Geschenk Aarul, getrockneten Quark.
Die tibetische Form des Buddhismus ist heute die am weitesten verbreitete Religionsform in der Mongolei. Mit dem Zusammenbruch des Kommunismus in der Sowjetunion kehren die Mongolen aber auch wieder zu ihren nomadischen Wurzeln zurück und dem damit verbundenen Tengrismus, einer Form des Schamanismus. Der Tengrismus ist ein Natur-

Mongolische Nomaden, ein Leben zwischen Tradition und Moderne

glaube, der die Menschen lehrt, der Natur und allen Lebewesen mit Respekt zu begegnen und im Einklang miteinander zu leben. Eine ganz zentrale Rolle spielen dabei Naturgeister und die Seelen der Vorfahren. Im Tengrismus ist die Welt voll mit Geistern. In jedem Lebewesen, in allen Pflanzen, in den Bergen, im Wasser, überall wohnt eine Seele. Mit seiner Lebensweise, nämlich indem er dem Himmel, der Erde, den Tieren und den Pflanzen mit Respekt begegnet, hält der Mensch die Welt im Gleichgewicht, während die Geister und Ahnen ihn beschützen und dafür sorgen, dass es ihm an nichts fehlt. Die geistige Stärke eines jeden Menschen, seine Ausstrahlung und Gesundheit sind abhängig von seinem »Hiimori«, seinem »Windpferd«, vergleichbar mit der menschlichen Seele.
Viele der mongolischen Traditionen basieren auf dem Tengrismus. Die Jurte, das runde, weiße Filzzelt der Nomaden, bildet das Zentrum des Kosmos und in deren Zentrum wiederum

steht der Ofen, der heiligste Ort. Die von ihm aufsteigende Rauchsäule symbolisiert den Weltenbaum, der die Verbindung zwischen Unter- und Oberwelt darstellt. Die Rauchöffnung in der Decke der Jurte symbolisiert den Eingang in die Oberwelt, in das Himmelsreich.

Im Tengrismus übernehmen die Schamanen eine Art Priesterfunktion. Sie spielen im mongolischen Alltag noch heute eine wichtige Rolle. Schamanen werden in allen Lebensfragen hinzugezogen, sie vollziehen Schutzrituale und Segnungen, machen Weissagungen, beherrschen die Jagdmagie und heilen Krankheiten spirituellen Ursprungs. Von den Geistern auserwählt, erhält ein Schamane bei seiner Geburt eine zusätzliche Seele. Diese ermöglicht es ihm, mit den Geistern in Kontakt zu treten und deren Hilfe in Anspruch zu nehmen. Die Geister helfen ihm, eine aus dem Gleichgewicht geratene Welt wieder in Einklang zu bringen.

Schon seit längerer Zeit hat Yvonne mit dauernder Müdigkeit und einem Blähbauch zu kämpfen. Deshalb wollen wir in Ulaanbaatar den Rat eines Schamanen einholen. Im Zentrum treffen wir Bold Purev, einen einheimischen Touristenführer, der uns zu einer Schamanin bringen will. Seinen klapprigen Wolga startet er mangels eines Zündschlüssels mithilfe eines Schraubenziehers. Der Wagen springt zu unserer Überraschung sofort an und so fahren wir in einen der Außenbezirke. Dort treffen wir die Schamanin, eine Frau um die 50. Da sie kein Englisch spricht, wird Bold übersetzen. Bei der Begrüßung übergeben wir ihr unsere mitgebrachten Lebensmittelgeschenke.

Wir werden gebeten, uns an einen kleinen Tisch in einer Ecke des Raumes zu setzen. An den Wänden hängen verschiedene Amulette und mit Vogelfedern sowie kleinen Spiegeln geschmückte Gewänder. Es gibt einen kleinen Hausaltar und verschiedene Trommeln. In einer Schale zündet die Schamanin Wacholder an und fächelt sich den Rauch ins Gesicht. In ihrer geistigen Wahrnehmung kann sie erkennen, dass das Windpferd von Yvonne nur noch ganz schwach ist. Die Schamanin glaubt, dass die Ursachen dafür weit zurückliegen und vermutet, dass es sich dabei um ein prägendes Erlebnis oder eine Begegnung in ihrer Kindheit handelt. Sie bittet Yvonne, sich zu entspannen und die Augen zu schließen, dann beginnt sie, auf einer Maultrommel zu spielen. Die melancholischen Klänge entführen Yvonne auf eine grüne Wiese,

Ein Obo auf einer Passhöhe – er soll Reisenden Glück bringen.

Die Religion ist in der Mongolei allgegenwärtig.

ein kleines Mädchen tanzt voller Lebensfreude darauf, am Horizont stehen ein paar Bäume. Plötzlich ist das Mädchen verschwunden. Die Schamanin beendet ihr Spiel auf der Maultrommel und erklärt, dass sie nun versuchen wolle, das Windpferd von Yvonne wieder neu zu stärken. Mit einem Wedel aus Vogelfedern wischt sie Yvonne die Schultern und den Rücken ab und bittet sie, wieder die Augen zu schließen. Dann beginnt sie, auf einer Schamanentrommel zu spielen. Es ist kein gleichmäßiger Trommelschlag, sondern ein ständig wechselnder Rhythmus von schnell zu langsam, dann wieder steigert sie das Tempo und mit ihm die Lautstärke zu einem ohrenbetäubenden Lärm, wie ein Aufschrei. Kurz darauf scheint alles vorbei. Doch einmal mehr steigert sich das Trommelspiel zu einem Aufbäumen, die Schamanin selbst

Ein Nomadenlager in der Weite der mongolischen Steppe

verfällt in einen tranceähnlichen Zustand. Während sie sich in eine Art Ekstase spielt, sieht Yvonne eine Herde wilder Pferde in der Steppe auf sich zu galoppieren. Tränen fließen ihr übers Gesicht und mir läuft ein kalter Schauer den Rücken hinunter. Als die Schamanin schließlich wieder in unsere Welt zurückkehrt, weiß sie, dass das Windpferd von Yvonne gestärkt und ihr seelisches Gleichgewicht wiederhergestellt ist. Die Ursache für ihren aufgeblähten Bauch konnte sie aber nicht finden und sie rät Yvonne, baldmöglichst einen Arzt aufzusuchen. Als Schutzengel bekommt sie die Feder eines Vogels mit auf den Weg und ein rotes Bändchen ums Handgelenk gebunden mit der Aufforderung, in den nächsten Tagen niemandem die Hand zu geben, weil ansonsten die frisch getankte Energie über die andere Person wieder abfließen würde.

Als Yvonne am nächsten Morgen in einem Moment der Unachtsamkeit jemandem zum Abschied die Hand reicht, hat sie wirklich den Eindruck, als würde die Energie aus ihrem Körper entweichen.

Mongolische Nomaden ziehen um zu neuen Weideplätzen.

Über Freud und Leid im Reisealltag

In Ulaanbaatar bekommen wir unser mongolisches Visum um drei Wochen verlängert und haben nun genug Zeit, um auch noch einen Abstecher in die Wüste Gobi zu machen.
Was auf der Karte als Hauptstraße verzeichnet ist, erweist sich als eine Ansammlung zahlloser Fahrspuren, die sich als breites Band durch die Grassteppe ziehen und sich immer wieder neu verzweigen. Straßenschilder scheinen in der Mongolei nicht zu existieren. Doch wir haben gelernt, unserer Intuition zu folgen. Gelegentlich halten wir Ausschau nach einer Jurte und fragen dort nach der einzuschlagenden Richtung. Auf staubiger, von Wellblech und Schlaglöchern gezeichneter Piste durchfahren wir weite Ebenen, queren kleine Hügelzüge und sind erstaunt, selbst in dieser unwirtlichen Gegend immer wieder auf Nomaden und deren Kamel- und Ziegenherden zu treffen. Der Staub dringt durch sämtliche Ritzen in unser Fahrzeug.

Dünenmeer in der Wüste Gobi

Selbst wenn wir unser Camp im vermeintlichen Nichts aufschlagen, bekommen wir immer wieder überraschenden Besuch. Einmal halten vier junge Männer in einem Bus neben uns. Einer beginnt auf der hier typischen pferdeköpfigen Geige zu spielen und seine Begleiter geben uns eine Kostprobe des mongolischen Kehlkopfsingens.

In den Gurvan-Saikhan-Bergen, im südlichen Teil der Gobi, treffen wir zu unserer Überraschung auf plätschernde Bäche, blühende Wiesen und in einer Schlucht sogar auf Überreste von Eis. Wir machen einen Abstecher zu den bis zu 300 Meter hohen Khongoryn-Sanddünen und setzen dann wieder Kurs Nord.

Im winzigen Wüstennest Bulgan füllen wir unsere Wasser- und Dieselvorräte auf und schaffen es gerade einige wenige Kilometer aus dem Ort hinaus, als ein lauter Knall uns aufhorchen lässt. Ein Torsionsstab unseres Busses ist gebrochen. Haben wir nun Pech oder Glück? Wäre es gestern oder 100 Kilometer später passiert, wären wir im Nichts gestrandet gewesen. Doch nun können wir nach Bulgan zurückfahren und finden dort sogar so etwas Ähnliches wie eine Werkstatt. Hier nimmt man sich unseres Problems an und ein Verwandter der Familie, der morgen aus Ulaanbaatar zurückkommt,

Selbst in der kargen Gobi treffen wir auf Menschen und deren Kamelherden.

bringt das benötigte Ersatzteil gleich mit. Und so sind wir nach nur einem Tag Zwangspause wieder unterwegs.
Auf holpriger Piste schlängeln wir uns durch eine karge Landschaft langsam in die Berge, am Horizont zeigen sich die ersten schneebedeckten Viertausender des Mongolischen Altai. Unser Stimmungsbarometer steht auf »hochjubilierend«.
Von Tolbo aus wollen wir einen Abstecher an den Döröö-See machen, stehen aber plötzlich einmal mehr an einer Abzweigung und wissen nicht, wo es langgeht. Ein Motorradfahrer weist uns schließlich nicht nur in die richtige Richtung, sondern lädt uns auch noch in sein Nomadencamp ein. Eine Einladung, die wir gern annehmen, zumal sein Vater ein Adlerjäger sein soll. Genau dies hatten wir uns hier in Bayan-Ölgii, der westlichsten Provinz der Mongolei, erhofft, nämlich einmal einen Adlerjäger persönlich zu treffen. Heute scheint mal wieder unser Glückstag zu sein.
Bei unserer Ankunft übergeben wir das mitgebrachte Gastgeschenk dem Ältesten und werden anschließend in die Jurte gebeten. Man serviert uns Milchtee und Gebäck. In den leuchtenden Augen des 89-jährigen Adlerjägers scheint sich sein ganzer Stolz widerzuspiegeln und wir genießen die Atmosphäre. Später wird uns der Adler gezeigt, der etwas abseits der Jurte, angebunden und kläglich, auf einem Steinhaufen sitzt. Der Alte posiert mit seinem Vogel für ein paar Fotos. Als er dann plötzlich Geld dafür haben will, ist bei uns mit einem Schlag der Glanz dieser Begegnung erloschen.
Nur wenige Kilometer später stehen wir mit einem geplatzten Kühlwasserschlauch im Niemandsland. Die Nacht werden wir wohl hier verbringen müssen und hoffen, dass uns morgen jemand in die Werkstatt nach Tolbo abschleppen wird.
Mit dem Fahrer des Lastwagens, der schon bald am nächsten Morgen auftaucht, können wir uns aber nicht über den Preis fürs Abschleppen einigen. Und so warten wir bis weit in den Nachmittag hinein, bis sich ein weiteres Fahrzeug nähert, jedoch in der für uns verkehrten Richtung. Vorn im Jeep sitzen Vater und Sohn, hinten ist alles mit Heu vollgestopft. Die beiden erkundigen sich nach unserem Wohlbefinden, schauen sich kurz unseren Bus an und weg sind sie. Wenig später jedoch kehren sie zurück, haben Werkzeug mitgebracht und machen sich gleich an unserer Betty zu schaffen. Bald ist das Leck gefunden, ein mitgebrachtes Stück Hydraulikschlauch passend zugeschnitten und für uns die Welt wieder in Ordnung.

Die Jagd mit dem Adler hat in der Mongolei eine lange Tradition.

Seit Tagen schon begleitet uns ein kalter Wind, Sonnenschein und Regen wechseln sich ab. In Ölgii besorgen wir uns im Grenzkontroll-Büro die notwendige Bewilligung, um in den Altai Tavan Bogd National Park zu fahren, der im grenznahen Gebiet zu China liegt. Wir füllen Diesel und unsere Vorräte auf und machen uns auf den Weg nach Ulaanhus und Tsengel. Die weite Steppenlandschaft mit den weidenden Viehherden und den weißen Jurten hat etwas Beruhigendes. Am Horizont rücken die schneebedeckten Bergriesen des Altai immer näher. Die Piste wird zunehmend schlechter und ist mit groben Steinen durchsetzt. Zwischendurch holpern wir nur noch im Schritttempo vorwärts. Die Nadel der Tankanzeige fällt gefährlich schnell nach unten. Wenig später führt die Piste durch das malerische Khovd-Tal. Kamelkarawanen kommen uns entgegen. An der Brücke über den Fluss werden unsere Papiere kontrolliert und wir müssen Eintrittsgeld für den Altai Tavan Bogd National Park entrichten. Ab hier bringt uns die Fahrt hinauf zu einem Hochplateau. Der Ausblick auf den See Khurgan und die schneebedeckten Gipfel des Altai sind einfach nur atemberaubend. Kurz hinter Sirgali schlagen wir am Ufer des Khoton-Sees in großartiger Umgebung für ein paar Tage unser Camp auf.

Die schneebedeckten Berggipfel des Altai spiegeln sich im Khoton-See.

Ein russischer Abend auf der Datscha

Russische Herzlichkeit: Gastgeber Natascha und Wiktor mit Freunden in Barnaul

Die Grenzformalitäten an der mongolisch-russischen Grenze verlaufen reibungslos und nehmen weniger als drei Stunden in Anspruch. Wir freuen uns, wieder in Russland zu sein. Eine wildromantische Landschaft und eine richtige, glatte Asphaltstraße erwarten uns. Kein Vergleich zu den Pisten in der Mongolei, die für Fahrer und Fahrzeug so manche Herausforderung und Strapaze bereithielten. Durch ein breites Tal, das auf beiden Seiten durch hohe Berge begrenzt ist, schlängelt sich die Straße talwärts. In Aktash wollen wir pflichtbewusst unsere Ankunft in Russland registrieren lassen. Im staatlichen Visa-Registrierungs-Büro will keiner für unseren Fall zuständig sein. Wir sollen es auf der Post versuchen. Doch auch hier werden wir weitergeschickt zur nahe gelegenen Tourismuszentrale. Für eine astronomische Summe Rubel erklärt man sich hier gern bereit, das Nötige in die Wege zu leiten. »Njet, spasiba!« Mit dem Entschluss, die Registrierung nun ganz sein zu lassen, kehren wir entnervt auf die Post zurück. Wir wollen uns absichern, sollten wir unterwegs an einem Kontrollposten in Schwierigkeiten geraten und verlangen die Telefonnummer der zuständigen Person. Und siehe da: Ein Wunder geschieht. Plötzlich ist die Registrierung doch möglich. Auch wenn es zwei Stunden dauert, wir können gern warten.

Die letzte bürokratische Hürde ist genommen. Wir fühlen uns unendlich befreit und können beruhigt ins Abenteuer Russland starten. Erst einmal wollen wir nach Gorno-Altaisk an den Telezkoje-See. Für mich ein Ort wie die warmherzige russische Seele und mit einer ganz besonderen Bedeutung, war ich doch vor ziemlich genau 16 Jahren schon einmal mit meinen russischen Motorradfreunden aus Barnaul hier. Als wäre es gestern gewesen, kann ich mich noch genau erinnern, wie wir abends unsere nassen Klamotten zum Trocknen übers Lagerfeuer gehalten haben und dabei gegen stechfreudige Sandfliegen ankämpfen mussten. Wir haben viel gelacht und uns ab und zu ein Gläschen Wodka genehmigt. Dabei wurden mir alle möglichen und unmöglichen Geschichten aus dem russischen Alltag aufgetischt und gespeist haben wir wie die Zaren.

Wir freuen uns, wieder in Russland zu sein.

Nichts scheint sich hier in den vergangenen Jahren verändert zu haben, nicht einmal das Wetter. Wie damals ist es auch heute kühl und regnerisch und die umliegenden Hügel sind in Nebelschwaden gehüllt. Wir aber bleiben trotzdem ein paar Tage und erholen uns beim Nichtstun von den Strapazen der Reise.

In Barnaul sind wir zu Besuch bei unseren russischen Freunden und genießen das Gastrecht bei Natascha und Wiktor. Ihre Tochter Lena geht mit uns auf Stadtbesichtigungstour, wir gehen zum Fischen und unternehmen eine Schifffahrt auf dem Fluss Ob. Natascha verwöhnt uns die ganze Zeit mit allen möglichen Spezialitäten der russischen Küche.

Im Zusammenhang mit Russland denkt man in erster Linie an sibirische Kälte, Perestroika, Wodka und Kaviar. Aber ebenso unzertrennlich wie Väterchen Frost ist die Datscha mit diesem Land verbunden, eine Art Wochenendhaus mit Garten, ein Überbleibsel aus vergangenen Sowjetzeiten. Damals hatte jeder Genosse Anrecht auf ein kleines, ganz privates Stück Land. Ohne ihre Datscha könnten viele Russen heute nur

LEFT HAND DRIVE
GETADOGUPYA
LU·194462
CH

Zurück in Russland genießen
wir es, wieder auf einer
richtigen Straße zu fahren.

schwer überleben. Hier gedeihen im Sommer alle Arten von Gemüse, reifen Beeren und Früchte und blühen bunte Blumen. Die Datscha ist aber auch ein Ort der Erholung, an dem viele ihre Wochenenden und Ferien verbringen.
Um uns ein echtes Stück Russland näherzubringen, fahren unsere Gastgeber Natascha und Wiktor und deren Freunde mit uns zu ihrer Datscha und wir verbringen dort einen Abend bei gutem Essen, kühlem Bier und einem Gläschen Wodka.
Zu einem richtigen russischen Abend gehört aber auch der Gang in die Banja, die russische Sauna. Hierfür wird der Ofen erst einmal kräftig angeheizt, um die Steine darin zu erhitzen. Dann gießt man etwas Wasser oder gar einen Schluck Bier darüber, sodass sich der Raum in heißen Dampf hüllt und der Körper aus allen Poren zu schwitzen beginnt. Reibt man sich vorher mit Honig ein, kommt das Dampfbad einem Schönheitsbad gleich. Ab und zu schlägt man sich mit einem Birkenzweigbündel kräftig auf Oberkörper und Beine, damit der Kreislauf angeregt wird, und fühlt sich hinterher wie neu geboren.
Unkompliziert wie die Russen sind, schlafen schließlich alle in der Datscha im selben Raum. Es dauert nicht lange und die Ersten stimmen ein Schnarchkonzert an. Bald drückt auch mir die Müdigkeit die Augen zu und ich falle in einen himmlischen Schlaf.

Ohne ihre Datscha könnten heute viele Russen nur schwer überleben.

Eine Reise geht ihrem Ende entgegen

Es ist nicht so, als hätte man auf einer Reise alle Zeit der Welt, wie viele Leute glauben. Es mag ein Privileg der Reisenden sein, dass sie sich eher freie Zeit nehmen können als jemand, der mitten im Arbeitsalltag steckt. In der Regel aber sind die Reisetage ausgefüllt und man verbringt die meiste Zeit damit, Dinge zu erledigen. Nebst dem Unterwegssein und den alltäglichen Arbeiten müssen bürokratische Hürden genommen, das Fahrzeug instand gehalten und korrupte Polizisten wieder losgeworden werden. Die Liebsten zu Hause wollen ab und zu hören, dass es uns gut geht und in unseren Erzählungen ein Stück mit auf die Reise genommen werden.
In der Euphorie zu Beginn jeder neuen Reise, wenn das Gefühl von Freiheit erwacht, glaubt man, alles was im Alltag Bestand hatte, müsse nun neu überdacht und geordnet werden. Die Rollenverteilung bei alltäglichen Arbeiten wird neu bestimmt und flexibler gestaltet, nur um kurze Zeit später festzustellen,

Nach der Banja (russische Sauna) fühlt man sich wie neu geboren.

dass jeder zurück in seine alte Rolle geschlüpft ist und der Alltag einen so wieder eingeholt hat.
Was aber bleibt, ist das Unbekannte hinterm Horizont: die immer wieder neuen Landschaften und all die spannenden Begegnungen mit Menschen aus anderen Kulturkreisen. Genau das macht die Faszination des Reisens aus.
In Tscheljabinsk, östlich des Urals, schließt sich der Kreis unserer Reiseroute. Wie schon zu Beginn sind wir auch diesmal wieder zu Gast bei Sewa und seinen Freunden. Diese organisieren ein Treffen bei Mitsubishi, wo unser Bus eine kostenlose Wartung erhält. Werbewirksam wird das Ganze inszeniert und wir zu Medienstars gemacht. Während unser Bedford in der Werkstatt auf Herz und Nieren geprüft und das Motorenöl sowie sämtliche Filter gewechselt werden, stehen wir verschiedenen Fernseh-, Radio- und Zeitungsjournalisten Rede und Antwort. In Tscheljabinsk besuchen wir auch eine Schule, erzählen vor gefüllter Aula von unserer Reise und zeigen Bilder. Auch hier ist ein Fernsehteam vor Ort, um dann in den Nachrichten darüber zu berichten.
Ein paar Tage später campen wir an einem See und bekommen überraschenden Besuch von einem älteren Paar. Sie erzählen, dass sie die Reportage über uns im Fernsehen

In Tscheljabinsk werden wir zu Medienstars gemacht.

Reisealltag: Kleider waschen am Sugamak-See in Russland

gesehen haben und wollen wissen, wo unsere Kinder sind, von denen in der Berichterstattung auch die Rede war. Unsere Kinder? Sind unsere acht während der Reise geborenen Nichten und Neffen im Fernsehbericht etwa zu unseren eigenen Kindern geworden?

Der Herbst hat die Weiten der russischen Landschaft in den buntesten Farben angemalt. Seit wir den Ural hinter uns gelassen haben, liegt das Land wieder weit und flach ausgebreitet vor uns und das Wetter ist regnerisch und kühl geworden. Mit dem nahenden Winter im Nacken und voller Vorfreude auf zu Hause, auf ein Wiedersehen mit Familie und Freunden, lassen wir uns immer weiter nach Westen treiben. Wohl wissend, dass wir mit jedem Kilometer ein Stück unserer Freiheit aufgeben, die wir in den vergangenen Jahren und Monaten so unendlich genossen haben.

Mit dieser Reise haben wir einen unserer Träume gelebt. In jedem Menschen stecken Träume, doch viele schieben diese vor sich her, bis sie plötzlich eines Tages nicht mehr da sind. Eigentlich schade, denn mit Zuversicht und Offenheit für Neues kann sich jeder von Zeit zu Zeit einen seiner Träume erfüllen. Man muss dafür aber beharrlich seinen Weg verfolgen, auch wenn dieser manchmal steinig und mühsam zu sein scheint.

Im Alltag neigen wir dazu, Bewährtes ständig zu wiederholen. Dies mag grundsätzlich sinnvoll sein, schränkt aber gleichzeitig unsere Sichtweise stark ein. Reisen bedeutet, neue Wege zu gehen, Bewährtes hinter sich zu lassen und sich neuen Herausforderungen zu stellen. Wir werden aufgefordert, uns zu bewegen, und lernen dabei neue Blickwinkel kennen. Die daraus gewonnenen neuen Erkenntnisse helfen uns, unseren persönlichen Horizont zu erweitern, und machen uns offener gegenüber Veränderungen.

Wir haben all die Freiheiten des Vagabundenlebens genossen und dabei unendlich viele Begegnungen, Eindrücke und Erfahrungen gesammelt.

Auch wir haben uns diesen Herausforderungen gestellt. Zweieinhalb Jahre und 90 000 Kilometer unfallfreie Fahrt durch die unterschiedlichsten Länder, Kulturkreise und Landschaften liegen hinter uns. Nie waren wir ernsthaft krank. Wir haben all die Freiheiten des Vagabundenlebens genossen und dabei unendlich viele Begegnungen, Eindrücke und Erfahrungen gesammelt. Das Leben hat es gut mit uns gemeint.
Erstaunlich ist es, wie gut wir uns in unserer winzig kleinen vierrädrigen Wohnung vertragen haben. Wohl auch, weil wir uns unsere persönlichen Freiräume geschaffen haben. Sei es in der Endlosigkeit der uns umgebenden Landschaften, auf einem Spaziergang in der Natur, mit einem Buch in der Hängematte oder ganz einfach beim Sinnieren auf der Fahrt über die einsamen Landstraßen.
In unsere Erinnerung eingeprägt haben sich vor allem die Begegnungen mit den Menschen. Diese haben uns stets mit offenen Armen empfangen und uns Einblick in ihr Leben und ihren Alltag gewährt. Von ihnen haben wir gelernt, dass wir verschieden und doch alle gleich sind. Wir sind offener geworden und die Reise hat uns geholfen, Vorurteile abzubauen. Auch haben wir erkannt, dass Armut nicht mit Unglück gleichzusetzen ist. Eher trifft das Gegenteil zu. Die Menschen in Entwicklungsländern haben auf uns einen viel zufriedeneren Eindruck gemacht und uns ihre Lebensfreude spüren lassen. Ein Grund dafür kann sein, dass in ihrem Alltag weniger der Egoismus, sondern vielmehr die Gemeinschaft im Vordergrund steht.
Natürlich gab es auch weniger angenehme Erlebnisse, etwa wenn wir mit Bürokratie und Korruption konfrontiert waren

oder eine Panne im Nirgendwo hatten. Doch selbst diese unerfreulichen Erfahrungen, die uns in dem Moment viel Zeit und Nerven gekostet haben, bleiben aus der Distanz betrachtet positiv in unserer Erinnerung haften. Sie sind das Salz in unseren Reiseerzählungen und haben uns in unserer Lebenserfahrung wachsen lassen. Wir haben daraus gelernt, dass sich selbst in den ausweglosesten Situationen früher oder später eine Lösung abzeichnet. Diese Erkenntnis wird uns helfen, künftigen Problemen im Alltag mit mehr Gelassenheit zu begegnen.

In der Nähe von Moskau machen wir nochmals einen Abstecher zum Goldenen Ring, lassen die Hauptstadt links liegen und genießen im Baltikum noch einmal ausgiebig das Zigeunerleben. Wir campen inmitten der Natur und ernähren uns fast ausschließlich von frisch gesammelten Waldpilzen. Allabendlich sitzen wir ums wärmende Lagerfeuer und betrachten den klaren Sternenhimmel über uns.

Seit einigen Tagen folgen wir nun wieder der Straße, diesmal in umgekehrter Richtung als zu Beginn unserer Reise. Wir sind wieder auf dem Weg des Bewährten angelangt, wir sind wieder daheim.

Das Ende der Reise naht: Nachtlager in den Wäldern des Baltikums

Bibliografische Information der Deutschen Nationalbibliothek
Die Deutsche Nationalbibliothek verzeichnet diese Publikation in der Deutschen Nationalbibliografie; detaillierte bibliografische Daten sind im Internet über http://dnb.dnb.de abrufbar.

1. Auflage
ISBN 978-3-667-10914-9

Lektorat: Alexander Failing
Fotos: Bruno Blum
Einbandgestaltung: Felix Kempf, www.fx68.de
Layout: Axel Gerber
Lithografie: Mohn Media, Gütersloh
Druck: Print Consult, München
Printed in Hungary 2017

Delius Klasing Verlag, Siekerwall 21,
D – 33602 Bielefeld
Tel.: 0521/559-0, Fax: 0521/559-115
E-Mail: info@delius-klasing.de
www.delius-klasing.de

In der Welt zu Hause

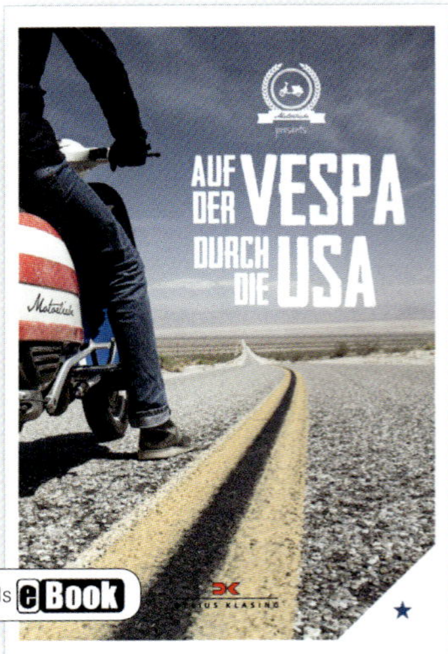

Auch als eBook

Drei Freunde in der Mitte ihres Lebens suchen nach einem Abenteuer. So kommt es, dass sie 2014 – pünktlich zum traditionellen „Anrollern“ am 1. Mai – zu einer außergewöhnlichen Reise aufbrechen: Als Team Motorliebe kreuzen sie mit drei alten Vespas durch die USA. Start ist in Los Angeles, Ziel der Reise: New York City.

Motorliebe
Auf der Vespa durch die USA
ISBN 978-3-667-10179-2

Auch als eBook

7 Wochen lang ist Tina Uebel unterwegs von Hamburg nach Shanghai – und das allein mit öffentlichen Verkehrsmitteln um einen Stipendiumspreis anzunehmen. Sie erzählt von ihren Begegnungen in den Zügen dieser Welt, mit den fremden Kulturen der verschiedenen Länder, die sie passiert. Immer wortgewandt, charmant und mit einer Prise Humor.

Tina Uebel
Uebel unterwegs
ISBN 978-3-667-10472-4

Im Handel oder unter www.delius-klasing.de

DELIUS KLASING

R U
EUROPA
KASACHSTAN
A S
IN
AFRIKA
ÄQUATOR
INDIS
OZE
ATLANTISCHER
OZEAN